Marc Welsch

Wirtschaftskriminalität in Deutschland

Erscheinungsformen, Täter, Fallbeispiele

Bibliografische Information der Deutschen Nationalbibliothek:

Die Deutsche Nationalbibliothek verzeichnet diese Publikation in der Deutschen Nationalbibliografie; detaillierte bibliografische Daten sind im Internet über http://dnb.d-nb.de abrufbar.

Impressum:

Copyright © Science Factory 2019

Ein Imprint der Open Publishing GmbH, München

Druck und Bindung: Books on Demand GmbH, Norderstedt, Germany

Covergestaltung: Open Publishing GmbH

Inhaltsverzeichnis

Abkürzungsverzeichnis IV

Abbildungsverzeichnis VI

Tabellenverzeichnis VII

1 Einleitung 1

2 Grundlagen der Wirtschaftskriminalität 3

    2.1 Begriff und Abgrenzung 3

    2.2 Wirtschaftskriminalität in Deutschland: Entwicklung und Schäden 6

3 Deliktsbereiche der Wirtschaftskriminalität: Entwicklung und Beispielfälle 15

    3.1 Anlage- und Finanzierungsdelikte 15

    3.2 Arbeitsdelikte 17

    3.3 Betrug/Untreue in Zusammenhang mit Kapitalanlagen 18

    3.4 Gesundheitsdelikte 19

    3.5 Insolvenzdelikte 22

    3.6 Wettbewerbsdelikte 23

    3.7 Wirtschaftskriminalität bei Betrug 25

4 Wirtschaftskriminalität in Deutschland: Tatort Unternehmen und öffentliche Institutionen 27

    4.1 Betrug (§ 263 StGB) 28

    4.2 Diebstahl (§ 242 StGB) und Unterschlagung (§ 246 StGB) 32

    4.3 Korruption 36

5 Täterkreis 41

6 Schlussbetrachtung 44

Literaturverzeichnis 45

Abkürzungsverzeichnis

Abs.	Absatz
AG	Aktiengesellschaft
ASW	Allianz für Sicherheit in der Wirtschaft
AÜG	Arbeitnehmerüberlassungsgesetz
BaFin	Bundesanstalt für Finanzdienstleistungsaufsicht
BAMF	Bundesamt für Migration und Flüchtlinge
BbankG	Gesetz über die Deutsche Bundesbank
BKA	Bundeskriminalamt
BSI	Bundesamt für Sicherheit in der Informationstechnik
bzw.	beziehungsweise
BörsG	Börsengesetz
ca.	circa
DepotG	Depotgesetz
d.h.	das heißt
DIIR	Deutsches Institut für Interne Revision
et al.	et alii
e.V.	eingetragener Verein
f.	folgende
ff.	fortfolgende
FKS	Finanzkontrolle Schwarzarbeit
GmbH	Gesellschaft mit beschränkter Haftung
GmbHG	Gesetz betreffend die Gesellschaften mit beschränkter Haftung
GVG	Gerichtsverfassungsgesetz
HGB	Handelsgesetzbuch
Hrsg.	Herausgeber
InsO	Insolvenzordnung

IntBestG	Gesetz zur Bekämpfung internationaler Bestechung
IT	Informationstechnik
i.d.R.	in der Regel
i.V.m.	in Verbindung mit
i.Z.m.	im Zusammenhang mit
KGaA	Kommanditgesellschaft auf Aktien
KorruptionsbG	Korruptionsbekämpfungsgesetz
KPMD	Kriminalpolizeilicher Meldedienst
LKA	Landeskriminalamt
lt.	laut
Mio.	Millionen
NRW	Nordrhein-Westfalen
o. V.	ohne Verfasser
PfandG	Pfandbriefgesetz
PKS	Polizeiliche Kriminalstatistik
PR	Public-Relations
Red.	Redaktion
S.	Seite
SchwarzArbG	Schwarzarbeitsbekämpfungsgesetz
StGB	Strafgesetzbuch
u.a.	unter anderem
URL	Uniform Resource Locator
UWG	Gesetz gegen den unlauteren Wettbewerb
Vgl.	Vergleiche
z.B.	zum Beispiel
%	Prozent
§	Paragraph
§§	Paragraphen

Abbildungsverzeichnis

Abbildung 1: Wortwolke zum Thema Wirtschaftskriminalität 3

Abbildung 2: Schadensbilanz der Wirtschaftskriminalität 2017 in Deutschland 6

Abbildung 3: Fallentwicklung von Wirtschaftskriminalität in Deutschland von 2013 bis 2017 9

Abbildung 4: Wirtschaftskriminalität nach Deliktsbereichen: registrierte Fälle 2016 und 2017 10

Abbildung 5: Übersicht zur Schadenshöhe der Wirtschaftskriminalität in Deutschland von 2013 bis 2017 in Mio. Euro 11

Abbildung 6: Finanzieller Schaden der einzelnen Deliktsbereiche 2016 und 2017 in Mio. Euro 12

Abbildung 7: Fallzahlen der registrierten Anlage- und Finanzierungsdelikte von 2013 bis 2017 16

Abbildung 8: Fallzahlen der Gesundheitsdelikte von 2013 bis 2017 20

Abbildung 9: Fallentwicklung der Wettbewerbsdelikte von 2013 bis 2017 24

Abbildung 10: Wirtschaftskriminalität im Unternehmen: Umfrageergebnisse der KPMG Studie 2016 27

Abbildung 11: Ausschnitt aus dem komplizierten Infinus-Firmengeflecht 31

Abbildung 12: Wirtschaftskriminalität in Deutschland: Korruption 2017 in Zahlen 36

Abbildung 13: Das Fraud-Dreieck nach Donald R. Cressey 42

Tabellenverzeichnis

Tabelle 1: Tabellarische Übersicht zu den einzelnen Straftatbeständen der Korruption.38

1 Einleitung

Jedes Jahr entstehen in der Bundesrepublik Deutschland außerordentlich hohe volkswirtschaftliche Schäden durch wirtschaftskriminelle Handlungen wie Betrug, Korruption, Täuschung, Unterschlagung oder Untreue. Nach Angaben des Bundeskriminalamts wurden im Jahr 2017 insgesamt fast 75.000 Fälle von Wirtschaftskriminalitätsdelikten erfasst. Mit einem Gesamtschaden von über 3,7 Milliarden Euro sind dies fast 30 % mehr Fälle als im Vorjahr 2016.[1]

Insbesondere sorgte der Abgasskandal, der „Dieselgate" der großen deutschen Automobilkonzerne VW, Porsche, Audi und Daimler, bei dem die beschuldigten Konzerne mittels einer Betrugssoftware jahrelang niedrigere Abgaswerte bei Dieselfahrzeugen vorgetäuscht hatten, für öffentliche Aufmerksamkeit und großes mediales Interesse. Dieser aktuelle Fall rückt das Thema Wirtschaftskriminalität vermehrt ins Licht der Öffentlichkeit. Umso mehr, da plötzlich nicht „die Firma XY", sondern jeder einzelne Bürger, als Endverbraucher oder Arbeitnehmer in den betroffenen Sparten, potentiell von den Auswirkungen der kriminellen Handlungen betroffen sein könnte.[2]

Der akute Fall des Dieselbetrugs ist nur die Spitze des Eisbergs: Wirtschaftskriminalität ist in Deutschland allgegenwärtig und alltäglich. Es wird betrogen, bestochen, getäuscht, unterschlagen und veruntreut.

Die Bekämpfung von Wirtschaftskriminalität gestaltet sich allerdings als überaus schwierig. Eine Vielzahl von Straftaten mit wirtschaftlichem Hintergrund wird letztlich nur durch Zufall entdeckt. Die Dunkelziffer, aufgrund von Vertuschung und Straftaten, die nie zur Anzeige gebracht werden, wird von Experten als hoch eingeschätzt.[3]

Zwar versuchen Ermittlungsbeamte der Kriminalpolizei und lokale Staatsanwaltschaften mit allen Mitteln wirtschaftskriminelle Handlungen aufzudecken und gegen diese strafrechtlich vorzugehen, wäre aber beispielsweise der Abgasskandal nicht zufällig bei Tests zu Schadstoffemissionen von amerikanischen Wissen-

---

[1] Vgl. o. V., Fränkischer Tag Bamberg (13.06.2018), S. 7.
[2] Vgl. Breitinger (2018), Zeit Online, Zeit.de, URL.
[3] Vgl. Klapproth et al. (2017), S.7.

schaftlern entdeckt worden, wäre die deutsche Justiz wohl nicht auf diesen aufmerksam geworden.[4]

Die vorliegende Arbeit setzt sich mit dem Phänomen der Wirtschaftskriminalität in Deutschland auseinander und erläutert Begrifflichkeit und die durch wirtschaftskriminelle Delikte entstandenen Schäden in der Theorie und anhand exemplarischer Beispielfälle. Auch die Aktualität des Themas und der Ablauf bestimmter wirtschaftskrimineller Handlungen sollen hier anhand entsprechender Praxis- und Fallbeispiele verständlich dargestellt werden. Obwohl in den Beispielfällen eine Darstellung ohne die Täter zu berücksichtigen nicht möglich ist, soll trotzdem in einem eigenen Kapitel auf die Täter als solche eingegangen werden.

---

[4] Vgl. Breitinger (2018), Zeit Online, Zeit.de, URL.

2 Grundlagen der Wirtschaftskriminalität

Wie im Folgenden zu sehen sein wird, handelt es sich bei dem Begriff „Wirtschaftskriminalität" um einen äußerst umfassenden und teilweise vage definierten Bereich. Die hier dargelegten Ausführungen bedürfen daher zunächst einer begrifflichen Abgrenzung.

Anschließend wird die Entwicklung der Wirtschaftskriminalität der letzten beiden Jahre näher aufgezeigt und auch auf den wirtschaftlichen und nicht materiell messbaren Schaden eingegangen.

2.1 Begriff und Abgrenzung

Die nachfolgende Wortwolke zum Thema „Wirtschaftskriminalität" soll einen unmittelbaren, intuitiven Einblick in das Kriminalfeld geben und eine erste Orientierung vermitteln, was unter Wirtschaftskriminalität zu verstehen ist.

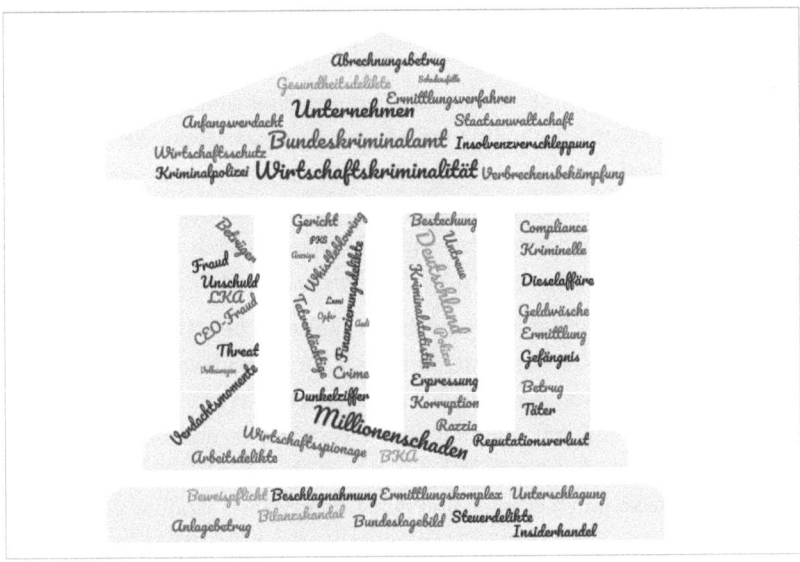

Abbildung 1: Wortwolke zum Thema Wirtschaftskriminalität
Quelle: Eigene Darstellung

Alle oben aufgezeigten Begriffe stehen entweder in direktem oder indirektem Zusammenhang mit dem Kriminalfeld „Wirtschaftskriminalität". Bislang hat der deutsche Gesetzgeber jedoch noch keine Legaldefinition für den Deliktsbereich der Wirtschaftskriminalität im Strafgesetz festgelegt, das heißt, dass es bis heute keine anerkannte und einheitlich verwendete juristische Definition für den Begriff der Wirtschaftskriminalität in Deutschland gibt.[5]

Grundsätzlich lässt sich sagen, dass sich Straftaten dem wirtschaftlichen Kriminalfeld zuordnen lassen können, wenn diese im *„Unternehmen, an Unternehmen oder durch Unternehmen begangen werden."*[6] Diese Definition ist jedoch sehr weit gefasst und grenzt die Straftaten, die in das Feld der wirtschaftskriminellen Handlungen fallen, nur unzureichend ein.

Das Deutsche Institut für Interne Revision e.V. (DIIR) versucht den Begriff der Wirtschaftskriminalität weiter einzugrenzen, der laut Definitionsansatz alle *„illegalen Handlungen, die sich in vorsätzlicher Täuschung, Verschleierung oder Vertrauensmissbrauch ausdrücken"*[7], umfasst. Ferner sind die *„Handlungen [...] nicht abhängig von Gewaltandrohungen oder Anwendungen körperlicher Gewalt. Dolose Handlungen werden von den Beteiligten und Organisationen begangen, um in den Besitz von Geldern, Vermögensgegenständen oder Dienstleistungen zu gelangen, um Zahlungen oder den Verlust von Leistungen zu vermeiden oder sich einen persönlichen oder geschäftlichen Vorteil zu verschaffen."*[8]

Nach kriminologischer Definition des Bundeskriminalamts geht es beim Phänomen der Wirtschaftskriminalität um die *„vertrauensmissbrauchende Begehung von Straftaten im Rahmen einer tatsächlichen oder vorgetäuschten wirtschaftlichen Betätigung, die unter Gewinnstreben die Abläufe des Wirtschaftslebens ausnutzt und zu einer Vermögensgefährdung oder einem Vermögensverlust großen Ausmaßes führt oder eine Vielzahl von Personen oder die Allgemeinheit schädigt."*[9]

Einen präziseren Definitionsversuch zur polizeilichen Orientierung liefert die Straftaten- und Strafdeliktsaufstellung des § 74c Gerichtsverfassungsgesetz (GVG), die die Zuständigkeitszuweisung für die deutschen Wirtschaftsstrafkammern bei den Landgerichten regelt. Hier sind nur die Straftaten und Delikte erfasst, die offenkundig im wirtschaftlichen Bereich, d.h. die bei der Ausübung wirtschaftlicher Tätigkeiten vorkommen können und dementsprechend strafbar sind.[10]

---

[5] Vgl. Hofmann (2008), S. 57.
[6] O. V., Landeskriminalamt Niedersachsen, Lka.Polizei-nds.de, URL.
[7] Kob (2017), S. 6.
[8] Ebenda, S. 6.
[9] Rossow (2018), S. 2.
[10] Vgl. o. V., Landeskriminalamt Niedersachsen, Lka.Polizei-nds.de, URL.

Zu der Liste der Straftaten, die unstrittig dem Bereich der Wirtschaftskriminalität zugeordnet werden können, zählen gemäß § 74c GVG:

- Anlage- und Finanzierungsdelikte
- Arbeitsdelikte
- Betrugsdelikte/Untreue in Zusammenhang mit Kapitalanlagen
- Gesundheitsdelikte
- Insolvenzdelikte
- Wettbewerbsdelikte
- Wirtschaftskriminalität bei Betrug[11]

Des Weiteren werden Taten immer dann dem Feld der Wirtschaftskriminalität zugeordnet, wenn diese nicht vorbehaltlos dem wirtschaftskriminellen Deliktsbereich zugeordnet werden können, aber für deren Tatausführung entsprechende professionelle Kenntnisse notwendig sind.[12]

Darunter fallen alle Delikte, *„die im Rahmen tatsächlicher oder vorgetäuschter wirtschaftlicher Betätigung begangen werden und über eine Schädigung von Einzelnen hinaus das Wirtschaftsleben beeinträchtigen oder die Allgemeinheit schädigen können und oder deren Aufklärung besondere kaufmännische Kenntnisse erfordern."*[13] Damit können auch Straftaten, die lediglich als Nebengesetze im Strafgesetzbuch aufgeführt sind, als Fälle von Wirtschaftskriminalität gewertet werden.[14]

---

[11] Vgl. ebenda.
[12] Vgl. ebenda.
[13] Ebenda.
[14] Vgl. ebenda.

2.2 Wirtschaftskriminalität in Deutschland: Entwicklung und Schäden

2.2.1 Das Bundeslagebild Wirtschaftskriminalität – eine statistische Schadensbilanz

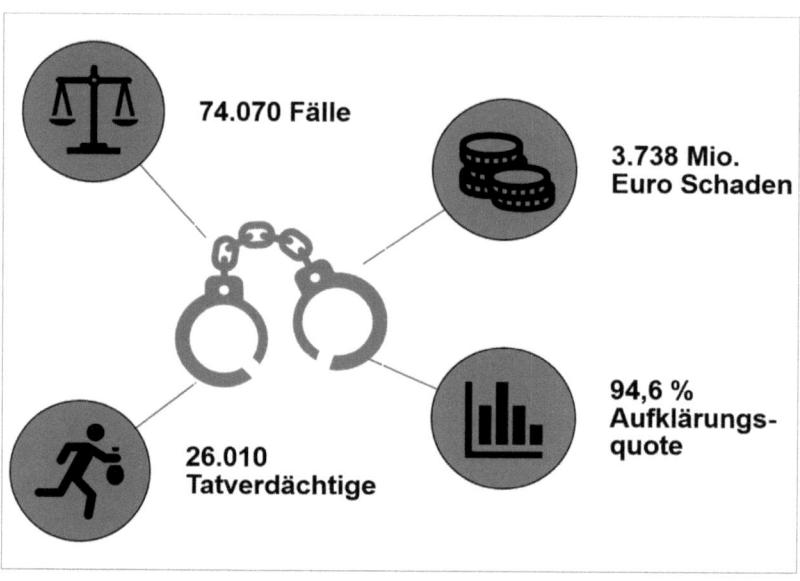

Abbildung 2: Schadensbilanz der Wirtschaftskriminalität 2017 in Deutschland
Quelle: Eigene Darstellung, in Anlehnung an: Rossow (2018), S. 4.

Laut einer 2016 veröffentlichten Studie des Wirtschaftsprüfungs- und Beratungsunternehmen KPMG gab jedes dritte der befragten kleinen und mittelgroßen Unternehmen[15] an, in der Vergangenheit schon einmal von Wirtschaftskriminalität im eigenen Unternehmen betroffen gewesen zu sein. Noch drastischer fallen die Umfrageergebnisse bei großen Unternehmen aus, deren Umsatz mehr als drei Milliarden Euro jährlich beträgt. Hier wurde nahezu jedes zweite der befragten Unternehmen schon einmal Opfer wirtschaftskrimineller Machenschaften.[16]

---

[15] Die Einstufung der befragten Unternehmen erfolgte von KPMG anhand des jährlichen Unternehmensumsatzes. Hierbei wurden Unternehmen mit einem Umsatz von mindestens 250 Millionen Euro bis zu 3 Milliarden Euro in die Kategorie „mittel" eingestuft. Als „klein" werden Unternehmen mit einem jährlichen Umsatz von weniger als 250 Millionen Euro eingestuft.
[16] Vgl. Geschonneck, Cai, Scheben (2016), S. 9 f.

Während bei den großen Unternehmen im Umfragezeitraum 2016 eine Zunahme von 31 % der im Bereich Finanz- und Rechnungswesen verübten Wirtschaftskriminalitätsdelikte stattgefunden hat, wurden bei kleinen Unternehmen vor allem die IT-Abteilungen Opfer von wirtschaftskriminellen Handlungen; die Anzahl der begangenen Straftaten stieg hier im Vergleich zur letzten Erfassung 2014 um fast 33 % an. Eine Bezifferung der daraus entstandenen Schäden ist nur selten von Unternehmen möglich.[17]

Genauere statistische Daten zu Strafhandlungen als die oben genannten Umfrageergebnisse liefert die jährlich erscheinende polizeiliche Kriminalstatistik, kurz PKS. Diese erfasst die bundesweite Kriminalitätsentwicklung in Deutschland und beinhaltet alle *„rechtswidrigen Straftaten einschließlich der mit Strafe bedrohten Versuche, die Anzahl der ermittelten Tatverdächtigen und eine Reihe weiterer Angaben zu Fällen, Opfern oder Tatverdächtigen"*[18], die der Polizei innerhalb eines Kalenderjahres bekannt geworden sind. Es fließen allerdings nur jene Straftaten in die Statistik ein, deren polizeiliche Ermittlungen bereits abgeschlossen sind und die vor einer Weiterleitung an das Gericht oder an die Staatsanwaltschaft stehen.[19]

Grundlage der PKS des Bundeskriminalamts bilden die Landesdaten der 16 Landeskriminalämter der Bundesrepublik Deutschland.[20]

Zu beachten ist jedoch, dass es bei der Erfassung der polizeilichen Kriminalstatistik vorkommt, dass Straftaten mehrfach einzelnen Kriminalitätsfeldern zugewiesen werden und sich diese somit gleichzeitig auf die veröffentlichten Fall- und Täterzahlen und die Schadenssummen auswirken können.[21]

Erstmals wurde nach dem Planungsbeginn eines umfassenden Lagebildes im Jahr 1999 das „Bundeslagebild Wirtschaftskriminalität" auf Grundlage der polizeilichen Kriminalstatistik erstellt und ergänzend zu dieser für den Bereich der Wirtschaftskriminalität vom Bundeskriminalamt im Jahr 2000 veröffentlicht.[22]

---

[17] Vgl. Geschonneck, Cai, Scheben (2016), S. 6.
[18] O. V., Bundeskriminalamt, Bka.de, URL.
[19] Vgl. Klapproth et al. (2017), S. 4 f.
[20] Vgl. Bundeskriminalamt (2018), S. 8.
[21] Vgl. Rossow (2018), S. 2.
[22] Vgl. Klapproth et al. (2017), S. 2 f.

Der Beschluss, in regelmäßigen Abständen einen Jahresbericht zur Wirtschaftskriminalität zu veröffentlichen, wurde im Rahmen einer Expertentagung der Kommission „Wirtschaftskriminalität" im September 1999 von Spezialisten der Polizei sowie polizeilichen Beratern getroffen und kurze Zeit später als *„Teil eines Maßnahmenkataloges zur Effizienzsteigerung der Bekämpfung der Wirtschaftskriminalität"*[23] beschlossen.[24]

Das Bundeslagebild Wirtschaftskriminalität enthält in kurzer und prägnanter Form eine Zusammenfassung der aktuellen Entwicklungen und der neuesten Lageeinschätzungen polizeilicher Experten für den Deliktsbereich der Wirtschaftsstraftaten. Neben Statistiken, Daten, Fakten und exemplarischen Schilderungen von Schadensfällen, die die von der Wirtschaftskriminalität ausgehende Bedrohung darstellen und bewerten sollen, dient das jährliche Bundeslagebild auch dazu, das bekannte und gesammelte Wissen der polizeilichen Ermittlungsbehörden zu bündeln und zusammenzutragen.[25]

Weitere Daten zum Bundeslagebild Wirtschaftskriminalität liefern, neben der bereits erwähnten polizeilichen Kriminalstatistik und verschiedenen anderen Quellen, die Eingangsmeldungen des Kriminalpolizeilichen Meldedienstes (KPMD), welche alle gemeldeten Verdachts- und Strafanzeigen bei lokalen Polizeidienststellen zu wirtschaftskriminellen Straftaten umfassen.[26]

Allerdings kann, trotz Nutzung umfangreicher Datenquellen, das Bundeslagebild Wirtschaftskriminalität das tatsächliche Ausmaß der Wirtschaftskriminalität in Deutschland nur eingeschränkt wiederspiegeln. Nicht in der polizeilichen Statistik erfasst werden Wirtschaftsstraftaten, die ohne Beteiligung von polizeilichen Ermittlungsbehörden und direkt von Finanzbehörden und/oder der Staatsanwaltschaft bearbeitet werden; dazu zählen beispielsweise *„Wettbewerbsdelikte [insbesondere der Produkt- und Markenpiraterie], Gesundheitsdelikte, Arbeitsdelikte und Subventionsbetrug)."*[27]

Des Weiteren fließen in die wirtschaftliche Kriminalstatistik nur noch eingeschränkt Arbeitsdelikte ein, da die Bekämpfung illegaler Arbeitnehmer- und

---

[23] Klapproth et al. (2017), S. 2.
[24] Vgl. Bundeskriminalamt (2001), S. 7.
[25] Vgl. Klapproth et al. (2017), S. 2 f.
[26] Vgl. ebenda, S. 3.
[27] Rossow (2018), S. 2.

Ausländerbeschäftigung, auf Grund einer Änderung der Gesetzesgrundlage und Zuständigkeit, von der Zollverwaltung zukünftig übernommen und bearbeitet werden wird.[28]

2.2.2 Fallzahlen seit 2013

Im Jahr 2017 wurden auf Basis der polizeilichen Kriminalstatistik insgesamt 5.761.984 Straftaten in Deutschland mit einer Gesamtschadenssumme in Höhe von knapp 7.400,3 Millionen Euro vom Bundeskriminalamt registriert. 74.070 der knapp 5,8 Mio. Straftaten entfielen auf den Bereich der Wirtschaftskriminalität.[29]

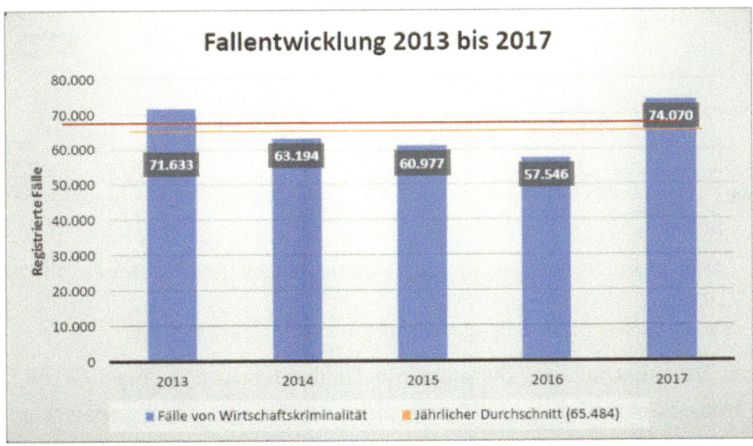

Abbildung 3: Fallentwicklung von Wirtschaftskriminalität in Deutschland von 2013 bis 2017
Quelle: Eigene Darstellung, in Anlehnung an: Rossow (2018), S. 3.

Dies entspricht in der Summe einem deutlichen prozentualen Anstieg von Wirtschaftsdelikten von fast 30 % im Vergleich zu 57.546 registrierten Fällen im Vorjahr. Gemessen am Durchschnittswert der letzten fünf Jahre in Höhe von 65.484 (+13,1 %) Wirtschaftsstraftaten, liegt das Jahr 2017 nur leicht darüber, wie in der obigen Darstellung aufgezeigt wird.[30]

---

[28] Vgl. ebenda, S. 2.
[29] Vgl. Bundeskriminalamt (2018), S. 10 ff.
[30] Vgl. ebenda, S. 10 ff.

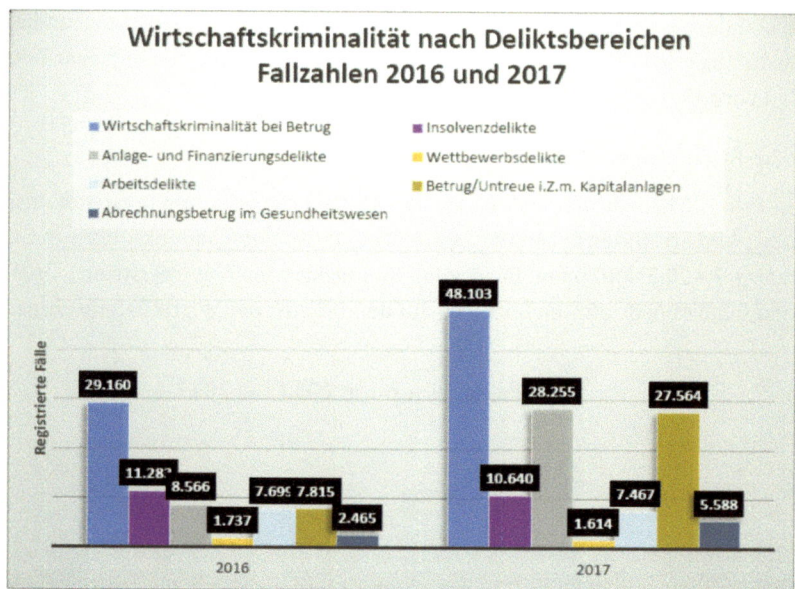

Abbildung 4: Wirtschaftskriminalität nach Deliktsbereichen: registrierte Fälle 2016 und 2017
Quelle: Eigene Darstellung, in Anlehnung an: Rossow (2018), S. 3 f.

Bei der Detailbetrachtung der einzelnen Deliktsbereiche in obiger Grafik fällt auf, dass besonders die beiden Deliktsbereiche der Anlage- und Finanzierungsdelikte (+229,9 %) und Betrug/Untreue in Zusammenhang mit Kapitalanlagen (+252,7 %) einen Sprung nach oben gemacht haben.[31]

Ebenfalls deutlich angestiegen sind die beiden Teilbereiche Abrechnungsbetrug im Gesundheitswesen und Wirtschaftskriminalität bei Betrug mit einem Zuwachs in Höhe von 126,7 % und 65,0 %.[32]

In allen anderen Teilbereichen sind jedoch leicht rückläufige Entwicklungen zu erkennen. So ist die Anzahl der Fälle in den Deliktsbereichen Arbeit, Insolvenz und Wettbewerb um durchschnittlich 5,3 Prozentpunkte im Jahr 2017 gesunken.[33]

---

[31] Vgl. Rossow (2018), S. 3.
[32] Vgl. ebenda, S. 3.
[33] Vgl. ebenda, S. 3.

2.2.3 Finanzieller Schaden seit 2013

Obwohl der Anteil von wirtschaftskriminellen Straftaten, gemessen an allen polizeilich registrierten Straftaten in der Statistik des Bundeskriminalamts, nur 1,3 % beträgt, beläuft sich der Gesamtschaden durch wirtschaftskriminelle Handlungen im Jahr 2017 auf die Summe von 3.738 Mio. Euro (Vorjahr 2016: 2.970 Mio. Euro). Gemessen an der Schadenssumme aller Straftaten (2017: 7.400,3 Mio. Euro) entspricht dies einem erstaunlich hohen Anteil von 50,5 %, für den lediglich die Wirtschaftsdelikte verantwortlich sind.[34]

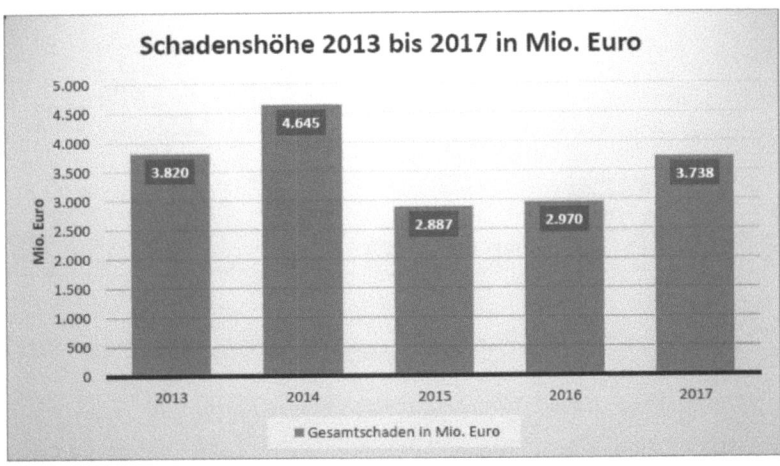

Abbildung 5: Übersicht zur Schadenshöhe der Wirtschaftskriminalität in Deutschland von 2013 bis 2017 in Mio. Euro
Quelle: Eigene Darstellung, in Anlehnung an: Rossow (2018), S. 5.

Laut Statistik des Bundeskriminalamts hat die Wirtschaftskriminalität in Deutschland, nach einem Absinken im Jahr 2015 und einem eher leichten Anstieg im Folgejahr, wieder kräftig zugelegt. Das Schaubild verdeutlicht, dass die Schadenshöhe seit 2015 zwar gestiegen ist, aber gegenüber den beiden Vorjahren, insbesondere dem Jahr 2014, deutlich geringer ausfällt. Vor allem in den drei Deliktsbereichen Betrug/Untreue in Zusammenhang mit Kapitalanlagen, Anlage- und Finanzierungsdelikte und Wirtschaftskriminalität bei Betrug erhöhten sich die jährlich verursachten Schadenssummen deutlich.

---

[34] Vgl. Rossow (2018), S. 5.

Die Veränderung der Schadenshöhe in absoluten Zahlen soll im nachfolgenden Schaubild verdeutlicht werden.

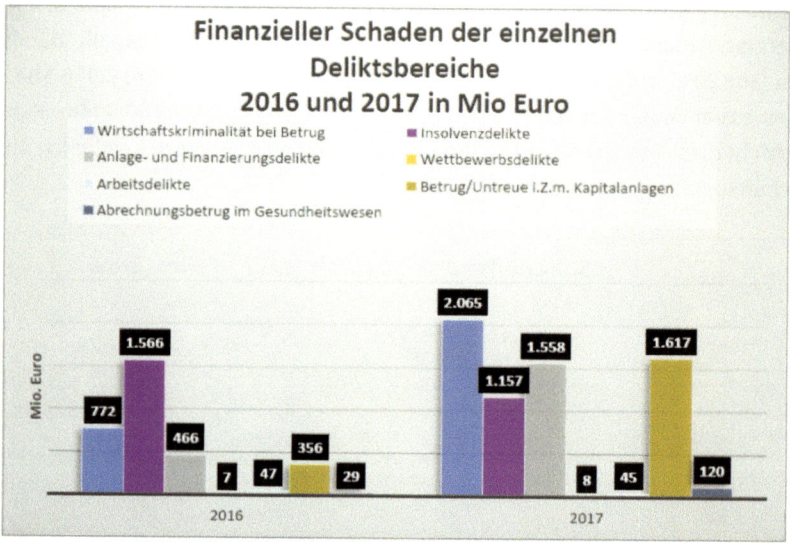

Abbildung 6: Finanzieller Schaden der einzelnen Deliktsbereiche 2016 und 2017 in Mio. Euro
Quelle: Eigene Darstellung, in Anlehnung an: Rossow (2018), S. 5.

Der größte Schaden in Höhe von 2.065 Mio. Euro (2016: 772 Mio. Euro) wurde 2017 durch Betrugsdelikte verursacht und stieg damit um 167,5 % gegen über dem Vorjahr an.[35]

Gleichermaßen entstanden in den beiden Deliktsbereichen Betrugsdelikte/Untreue in Zusammenhang mit Kapitalanlagen und Finanzierungs- und Anlagedelikte insgesamt hohe finanzielle Schäden in Höhe von 3.175 Mio. Euro (2016: 822 Mio. Euro; +286,25 %).[36]

Der höchste Anstieg von insgesamt 313,8 % konnte im Bereich der Gesundheitsdelikte verzeichnet werden, der Schaden in Höhe von 120 Mio. Euro (2016: 29 Mio.

---

[35] Vgl. Rossow (2018), S. 5.
[36] Vgl. ebenda, S. 5.

Euro) fiel jedoch im Verhältnis zum Gesamtschaden aller Teilbereiche der Wirtschaftskriminalität eher gering aus.[37]

Lediglich der Bereich der Insolvenzdelikte hat eine rückläufige Schadensentwicklung in Höhe von 26,1 % zu verzeichnen. Zwar ist auch in diesem Teilbereich ein hoher finanzieller Schaden in Milliardenhöhe entstanden, die Schadenssumme von insgesamt 1.157 Mio. Euro (2016: 1.566 Mio. Euro) liegt jedoch um 409 Mio. Euro, und damit deutlich, unter der des Jahres 2016.[38]

Die Schadenssumme kann nicht allein durch die Statistik des Bundeskriminalamts zur Wirtschaftskriminalität beziffert werden; diese kann nur den tatsächlich verursachten materiellen Gesamtschaden abbilden. Neben den monetären Verlusten und Schäden muss auch der immaterielle Schaden berücksichtigt werden, der durch wirtschaftskriminelles Handeln verursacht wird. Obwohl immaterielle Schäden nicht quantifizierbar sind, haben diese dennoch maßgeblichen Einfluss auf die Einschätzung des Schadenspotenzials der Wirtschaftskriminalität in Deutschland.[39]

Charakteristische immaterielle Schäden von Wirtschaftskriminalität sind zum Beispiel der Image- und Reputationsverlust der eigenen Marke, Beeinflussungen und Beeinträchtigungen der Geschäftsbeziehungen zu Kunden und Lieferanten, die Senkung der Arbeitsmoral der eigenen Mitarbeiter, Wettbewerbsverzerrungen und nicht zuletzt der Tiefgang der Aktienkurse.[40]

2.2.4 Hohe Dunkelziffer

Das Bundeskriminalamt geht generell von einer hohen Dunkelziffer im Bereich der Wirtschaftskriminalität aus. Expertenschätzungen zufolge könnte der tatsächliche Umfang sogar um bis zu *„fünfmal höher [sein], als er in den offiziellen Statistiken und in den Studien der Wirtschaftsprüfungsgesellschaften aufscheint."*[41]

Zum einen führt das gering ausgeprägte Anzeigeverhalten von Unternehmen und Personen, die Opfer von Wirtschaftskriminalität geworden sind, dazu, dass eine Vielzahl von begangenen Wirtschaftsstraftaten der Polizei gar nicht erst bekannt

---

[37] Vgl. ebenda, S. 5.
[38] Vgl. Rossow (2018), S. 5.
[39] Vgl. Klapproth et al. (2017), S. 7.
[40] Vgl. o. V. (2010), PwC Deutschland, Pwc.de, URL.
[41] Hofmann (2008), S. 37.

wird. Dies liegt vor allem daran, dass sich die betroffenen Unternehmen und Personen, die Opfer von Wirtschaftskriminalität geworden sind, vor den Konsequenzen ihrer Anzeigen fürchten. Dazu zählen beispielsweise die zuvor genannten immateriellen Schäden, wie Imageverlust des geschädigten Unternehmens, fallende Aktienkurse oder unternehmensinterne Unruhe, die durchaus eintreten können, wenn bekannt wird, dass das Unternehmen in wirtschaftskriminelle Handlungen involviert war. Außerdem können die Erfolgsaussichten einer Strafanzeige, mögliche Verbandsgeldbußen und Schadenshöhen die Anzeigebereitschaft der Opfer von kriminellen Machenschaften in negativer Weise beeinflussen.[42]

Zum anderen fehlen laut der Beratungs- und Wirtschaftsprüfungsgesellschaft KPMG den Unternehmen in der Regel *„hier oft die erforderlichen Prozesse und Kontrollen für die Aufdeckung und Aufklärung"*[43] von Wirtschaftsstraftaten.

Lediglich die in den letzten Jahren durchgeführten Studien der Beratungs- und Wirtschaftsprüfungsunternehmen und der deutschen Wirtschaftsverbände können etwas Licht ins Dunkel bringen und lassen das tatsächliche Ausmaß der begangenen Wirtschaftsdelikte erahnen.[44]

---

[42] Vgl. Klapproth et al. (2017), S. 7.
[43] Geschonneck, Cai, Scheben (2016), S. 12.
[44] Vgl. Klapproth et al. (2017), S. 7 f.

3 Deliktsbereiche der Wirtschaftskriminalität: Entwicklung und Beispielfälle

Im folgenden Abschnitt sollen die in Kapitel 2.1 aufgeführten Bereiche der Wirtschaftskriminalität anhand des statistischen Zahlenmaterials detaillierter betrachtet und durch signifikante Praxisbeispiele, die der Veranschaulichung dienlich sind, ergänzt werden. Hierbei wird sowohl auf den Ablauf einer Straftat als auch auf den Straftäter näher eingegangen.

3.1 Anlage- und Finanzierungsdelikte

3.1.1 Entwicklung und Begrifflichkeit

Im Jahr 2017 verzeichnet das Bundeskriminalamt bei den Anlage- und Finanzierungsdelikten mit insgesamt 28.255 begangenen Delikten einen Anstieg um nahezu 230 % (Vorjahr 2016: 8.566 Straftaten). Wie im nachfolgenden Schaubild zu sehen ist, stellt dies einen absoluten Rekordwert für den Zeitraum der letzten fünf Jahre dar. Mit einem Gesamtschaden in Höhe von 1.558 Mio. Euro belegt dieses Kriminalfeld den dritten Platz in der Schadenswertung aller Wirtschaftsdelikte. Der starke Anstieg steht auch in Zusammenhang mit einem großen Ermittlungsverfahren der Polizeibehörden in Sachsen bei dem zehn Beschuldigten der gewerbs- und bandenmäßige Betrug zur Last gelegt wurde.[45]

---

[45] Vgl. Rossow (2018), S. 13 f.

Abbildung 7: Fallzahlen der registrierten Anlage- und Finanzierungsdelikte von 2013 bis 2017
Quelle: Eigene Darstellung, in Anlehnung an: Rossow (2018), S. 13.

In der Straftatenobergruppe „Wirtschaftskriminalität im Anlage- und Finanzierungsbereich" werden im Wesentlichen die folgenden Straftaten zusammengefasst:

- Beteiligungs- und Kapitalanlagebetrug (§§ 263, 264a StGB)
- Kreditvermittlungsbetrug (§ 263 StGB)
- Kreditbetrug im geschäftlichen Verkehr (§ 265b StGB)
- Wertpapierbetrug (§ 263 StGB)
- Straftaten i.V.m. dem Bankgewerbe sowie Wertpapierhandelsgesetz (Verstöße gegen § 35 BBankG, BörsG, DepotG, PfandBG)[46]

Kennzeichnend für den Täterkreis, der für die oben genannten Wirtschaftsdelikte verantwortlich gemacht werden kann, ist, dass dieser hierbei ganz gezielt vorgeht und es in der Regel auf das Geld von leicht- und gutgläubigen Investoren abgesehen hat. Die Täter haben vor allem durch zwei Faktoren leichtes Spiel bei den Geschädigten der Betrugsmasche: Zum einen sind die Finanzprodukte für Laien in hohem

---

[46] Vgl. Bundeskriminalamt (2017), S. 4.

Maße undurchsichtig und komplex, zum anderen bleibt oft die auf Grund der überaus hohen Gewinnversprechen nötige Vorsicht außer Acht.[47]

3.1.2 Praxisfall: Anlagebetrug und Marktmanipulation

Das Kriminalkommissariat 23 der Polizeibehörden in Recklinghausen ermittelte gegen mehrere Manager einer im hiesigen Raum ansässigen Unternehmensverwaltungs-GmbH wegen des dringenden Tatverdachts des Anlagebetrugs. Im Zeitraum von 2012 bis 2014 hatten die Verdächtigen insgesamt 139 Kapitalanleger dazu gedrängt, *„die in Rentenversicherungen oder Bausparverträgen angesparten Gelder mit allen Rechten und Pflichten an die Firma der Beschuldigten abzutreten."*[48] Im Beratungsgespräch wurde den Kapitalanlegern unter Vorspiegelung falscher Tatsachen suggeriert, dass die in den Bausparverträgen und Rentenversicherungen angesparten Beträge vielversprechend angelegt werden könnten. Die Beschuldigten versprachen, dass diese Form der Anlage ohne Risiken sei, denn die aus den Versicherungen und den Verträgen abgetretenen Gelder wären durch Festgeldanlagen, Immobilien sowie Versicherungsbeteiligungen abgesichert. Während die Kapitalanleger auf die gewinnbringende Investition ihres abgetretenen Kapitals vertrauten, verprassten die Beschuldigten in Wirklichkeit die vereinnahmten Beträge, um sich einen luxuriösen Lebensstil zu finanzieren.[49]

3.2 Arbeitsdelikte

3.2.1 Entwicklung und Begrifflichkeit

Für 2017 weist die Statistik des Bundeskriminalamts einen Rückgang bei den Arbeitsdelikten um 3 % aus: Die Anzahl der registrierten Fälle von Wirtschaftskriminalität in Zusammenhang mit Arbeitsverhältnissen sank gegenüber dem Vorjahr von 7.699 auf 7.467 Straftaten. Auch der Gesamtschaden hat sich um den Betrag in Höhe von 2 Mio. Euro auf 45 Mio. Euro verringert.[50]

---

[47] Vgl. o. V., Polizeiliche Kriminalprävention der Länder und des Bundes. Polizei-beratung.de, URL.
[48] Musshoff, Winkmann (2016), S. 9.
[49] Vgl. Musshoff, Winkmann (2016), S. 9.
[50] Vgl. Rossow (2018), S. 4.

Die folgenden Straftaten fallen laut Übersicht der Polizeikriminalstatistik 2017 in den Deliktsbereich der Wirtschaftskriminalität in Zusammenhang mit Arbeitsverhältnissen:

- Vorenthalten und Veruntreuen von Arbeitsentgelt (§ 266a StGB)
- Straftaten in Zusammenhang mit dem Arbeitnehmerüberlassungsgesetz und Schwarzarbeitsbekämpfungsgesetz (AÜG/SchwarzArbG)[51]

Allerdings entsprechen die registrierten Straftaten im Bereich der Arbeitsdelikte nicht dem tatsächlichen Aufkommen, denn ein Großteil der Fälle wird nicht von der Polizei, sondern von der Zollverwaltung „Finanzkontrolle Schwarzarbeit" (FKS) bearbeitet. Lediglich bei Tatbeständen in Zusammenhang mit anderen Tatvorwürfen wird von den Polizeikommissariaten ermittelt.[52]

3.2.2 Praxisfall: Veruntreuung von Arbeitsentgelt

In Zusammenhang mit dem Vorenthalten und Veruntreuen von Arbeitsentgelt nach § 266a StGB ermittelt das Kommissariat 23 der Polizeibehörden in Münster. Den vier Beschuldigten einer Zeitarbeitsfirma wird vorgeworfen über einen mehrjährigen Zeitraum hinweg ihre Mitarbeiter bei Lohn- und Gehaltszahlungen betrogen und Sozialversicherungsbeiträge nicht abgeführt zu haben.[53]

3.3 Betrug/Untreue in Zusammenhang mit Kapitalanlagen

3.3.1 Entwicklung und Begrifflichkeit

Für den Deliktsbereich der Betrugs- und Untreuehandlungen in Zusammenhang mit Kapitalanlagen erfasst das Bundeskriminalamt im Jahr 2017 in Summe 27.564 Fälle (Vorjahr 2016: 7.815 Fälle). Mit einem Anstieg von 252,7 % zeichnet sich hier eine ähnliche Entwicklung wie im Bereich der Anlage- und Finanzierungsdelikte ab. Angesichts der steigenden Fallzahlen hat sich die Schadenssumme nachvollziehbarerweise um 354,2 % auf 1.617 Mio. Euro erhöht (Vorjahr 2016: 356 Mio. Euro).[54]

---

[51] Vgl. Bundeskriminalamt (2017), S. 5.
[52] Vgl. Musshoff (2018), S. 14.
[53] Vgl. ebenda, S. 14.
[54] Vgl. Rossow (2018), S. 15.

Die Polizeikriminalstatistik fasst unter Betrug und Untreue in Zusammenhang mit Kapitalanlagen die folgenden strafbaren Einzelphänomene zusammen:

- Anlage- und Beteiligungsbetrug (§ 263 StGB)
- Untreue bei Kapitalanlagegeschäften (§ 266 StGB)
- Prospektbetrug (§ 264a StGB)[55]

3.3.2 Praxisfall: Untreue in Zusammenhang mit Kapitalanlagen

Gegen den Abteilungsleiter der Finanzbuchhaltung einer Firmengruppe in Solingen ermittelte das Polizeikommissariat 23 des Polizeipräsidiums Wuppertal. Besagter Mitarbeiter hatte *„durch Manipulation von Einzelpreisen von Zulieferungsartikeln im Warenwirtschaftssystem und Verschiebung von Lagerpositionen"*[56] Gelder in Millionenhöhe des Unternehmens veruntreut. Das erbeutete Vermögen investierte er nicht nur in exquisite Fahrzeuge, teuren Schmuck und Luxusartikel, sondern kaufte auch großzügig für einen Teil des Geldes Immobilien. Nachdem die Kriminalpolizei im Rahmen der Ermittlungen die Taten des Beschuldigten aufgedeckt hatte, beging dieser in einem Hotel in Hamburg Suizid. Durch anschließende Vermögensabschöpfungsmaßnahmen der Ermittlungsbehörden konnten allerdings noch 90 % der veruntreuten Gelder in Höhe von 4,3 Mio. Euro sichergestellt werden.[57]

3.4 Gesundheitsdelikte

3.4.1 Entwicklung und Begrifflichkeit

Das Fallaufkommen im Bereich der Gesundheitsdelikte ist im Jahr 2017 auf 5.588 registrierte Schadensfälle angestiegen. Nach einem deutlichen Rückgang der Fälle auf insgesamt 2.465 im Vorjahr 2016 haben sich die Fallzahlen mit einem Plus von 126,7 % mehr als verdoppelt und damit einen Spitzenwert seit 2013 erreicht. Gleichzeitig hat sich die erfasste Schadenssumme um 313,8 % und damit auf knapp 120 Mio. Euro erhöht (Vorjahr 2016: 29 Mio. Euro).[58]

---

[55] Vgl. Bundeskriminalamt (2017), S. 5.
[56] Musshoff (2018), S. 15.
[57] Vgl. Musshoff (2018), S. 15.
[58] Vgl. Rossow (2018), S. 20 f.

Abbildung 8: Fallzahlen der Gesundheitsdelikte von 2013 bis 2017
Quelle: Eigene Darstellung, in Anlehnung an: Rossow (2018), S. 21.

Laut Definition umfasst der wirtschaftliche Kriminalbereich der Gesundheitsdelikte alle „*Fälle des Abrechnungsbetrugs im Gesundheitswesen zur betrügerischen Erlangung von Geldleistungen von Selbstzahlern, Krankenkassen, Krankenversicherungen und Beihilfestellen durch Angehörige medizinischer oder pharmazeutischer Berufe sowie durch Krankenhäuser und Sanatorien.*"[59]

Ein schwerpunktmäßig im Bereich der Erbringung und Abrechnung von Pflegedienstleistungen beobachtetes Phänomen ist der aus dem russischsprachigen bzw. osteuropäischen Raum stammende Täterkreis, der sich z.T. bandenmäßig organisiert, sowie professionell und gut strukturiert zeigt. Die Täter, die diese Abrechnungsdelikte verüben, konzentrieren sich seit geraumer Zeit auf die Abrechnung von nicht oder nur teilweise erbrachter Intensivpflegeleistungen, bei denen außerordentlich hohe Summen von bis zu 22.000 Euro pro Monat je Intensivpflegepatient im Spiel sind.[60] Trotzdem sei dies, lt. einer Stellungnahme von Bundesinnenminister Herrmann, „*kein typisches Ausländerdelikt.*"[61]

---

[59] Rossow (2018), S. 20.
[60] Vgl. Rossow (2018), S. 22 f.
[61] O. V. (2018), Deutsches Ärzteblatt, Aerzteblatt.de, URL.

Der Anteil der aus Deutschland stammenden Verdächtigen liegt aktuell bei 95% und umfasst „Ärzte, Patienten, Pflegedienste, Apotheken und Sanitätshäuser"[62], die laut dem bayrischen Justizminister Winfried Bausback teilweise in Form regelrechter „Abrechnungsringe" gemeinsame Sache machen.[63]

3.4.2 Praxisfall: Abrechnungsbetrug im Gesundheitssystem

Gegen einen durch alle Gesellschaftsschichten gehenden Täterkreis mit gemischtem nationalen Herkunftshintergrund, bestehend aus den Betreibern diverser Pflegedienste, Ärzten und Patienten, ermittelte 2014 das LKA Nordrhein-Westfalen. Die beklagten Pflegedienstbetreiber, diese hatten einen russisch-ukrainischem Migrationshintergrund und entsprechen damit in typischer Weise dem zuvor skizzierten Täterprofil, erhielten von den Kranken- und Pflegekassen und den betroffenen Kommunen Gelder für nicht oder nur teilweise erbrachte Pflegeleistungen; insgesamt erschlichen sie Leistungen und verursachten Schäden in Höhe von mindestens 4,7 Mio. Euro.[64]

Die Hauptbeschuldigten zahlten den beteiligten Ärzten Bestechungsgelder und erhielten dafür im Gegenzug die für die Abrechnung notwendigen Atteste bezüglich der Pflegebedürftigkeit der Patienten. Die Patienten selbst machten vielfach bei dem Betrug mit. Dafür erhielten sie „anstelle der Pflegeleistungen kleinere monatliche Geldzahlungen bzw. Kompensationsleistungen in Form von Fahrten zu Ärzten, Putzen der Wohnung, Pediküre/Maniküre sowie Friseurleistungen, auf welche sie keinen Anspruch gehabt hätten."[65] Die Ermittlungen wurden mit hohem Aufwand betrieben; unter anderem wurden 180 Wohn- und Geschäftsräume durchsucht. Letztendlich erhielten die insgesamt neun angeklagten Männer und Frauen Freiheitsstrafen zwischen zwei und sieben Jahren und Geldbußen von bis zu einer Einzelzahlung von 500.000 Euro.[66]

---

[62] Ebenda.
[63] Vgl. ebenda.
[64] Vgl. Rossow (2018), S. 23.
[65] Rossow (2018), S. 23.
[66] Vgl. ebenda, S. 23.

3.5 Insolvenzdelikte

3.5.1 Entwicklung und Begrifflichkeit

Nach einer Abnahme der Fallzahlen im Vorjahr 2016 (11.283 Fälle) sank die Anzahl der Insolvenzstraftaten im Berichtsjahr 2017 um weitere 5,7 % auf 10.640 registrierte Fälle. Ebenfalls verringerte sich die verursachte Schadenssumme durch Insolvenzdelikte um nahezu ein Viertel (26,1 %) auf 1.157 Mio. Euro (Vorjahr 2016: 1.566 Mio. Euro). Obwohl es sich vorliegend um den niedrigsten Schaden aus den letzten zehn Jahren handelt, bleibt das Schadenspotenzial im Bereich der Insolvenzstraftaten auf hohem Niveau, da Insolvenzdelikte oft auch zusammen mit weiteren Begleitdelikten auftreten.[67]

Bestimmend für den Teilbereich „Insolvenzdelikte" der Wirtschaftskriminalität sind die folgenden Straftaten:

- „Bankrott und besonders schwerer Fall des Bankrotts (§§ 283 und 283a StGB),
- Verletzung der Buchführungspflicht (§ 283 b StGB),
- Gläubiger- und Schuldnerbegünstigung (§§ 283 c und 283 d StGB) sowie
- Insolvenzverschleppung (§ 84 GmbHG; §§ 130 b, 177 a HGB und § 15 a IV, V InsO)."[68]

Ziel der ab §§ 283 ff. StGB geregelten Insolvenzstraftaten ist insbesondere der Schutz der Vermögensinteressen der Gläubiger sowie die Aufrechterhaltung der Funktionsfähigkeit der Volkswirtschaft, die der Gesetzgeber als besonders schutzbedürftig erachtet. Im Hinblick auf den Täterkreis ist bei den Insolvenzstraftaten zu differenzieren, denn während es sich bei den Straftaten der §§ 283 bis 283 c StGB *„um Sonderdelikte, die nur der Schuldner selbst verwirklichen kann"*[69] handelt, kommt bei den Allgemeindelikten, wie zum Beispiel der Schuldnerbegünstigung nach § 283 d StGB, grundsätzlich jede natürliche Person als potentieller Täter in Frage.[70]

---

[67] Vgl. ebenda, S. 19 f.
[68] Ebenda, S. 19.
[69] Achenbach et al. (2015), S. 1010.
[70] Vgl. Achenbach et al. (2015), S. 1009 f.

3.5.2 Praxisfall: Insolvenzverschleppung

Das Kriminalkommissariat 23 der Polizeibehörden in Bonn ermittelte gegen einen türkischstämmigen Beschuldigten „wegen des Verdachts der Insolvenzverschleppung, des Bankrotts, des Vorenthaltens von Arbeitsentgelt und des Betruges."[71] Der Geschäftsführer einer Großschlachterei im Ruhrgebiet, die aus einem Firmenverbund von insgesamt 13 Unternehmen bestand, hatte bereits im Februar 2016 Verbindlichkeiten in Höhe von 2,8 Mio. Euro angehäuft, weil er in seiner Rolle als Arbeitgeber, fällige Sozialversicherungsbeiträge in zuvor genannter Höhe nicht beglichen hatte. Obwohl die Nichtzahlung der Beiträge zur Sozialversicherung zu einer Überschuldung geführt hatte, blieb die Einreichung des notwendigen Insolvenzantrags beim Amtsgericht in Bonn aus.[72]

Nach Aufnahme der polizeilichen Ermittlungen stellte sich heraus, dass der Angeklagte seinen Bilanzierungs- und Buchführungspflichten nicht ordnungsgemäß nachgekommen war. Trotz Zahlungsunfähigkeit ordnete der Beschuldigte weitere Viehlieferungen im Umfang von 827.000 Euro an. Aufgrund von Fluchtgefahr ins Ausland nahm die Polizei den Angeklagten im Februar 2017 fest. Im anschließenden Verfahren im Juli 2017 verurteilte das Amtsgericht Euskirchen den Beschuldigten zu drei Jahren und drei Monaten Gefängnis.[73]

3.6 Wettbewerbsdelikte

3.6.1 Entwicklung und Begrifflichkeit

Im Jahr 2017 blieben die Wettbewerbsdelikte mit 1.614 registrierten Fällen nahezu auf dem Niveau des Vorjahres (2016: 1.737; -7,1 %), dennoch sind die Fallzahlen seit 2013 stetig rückläufig. Bei der Schadensentwicklung ist hingegen ein leichter Anstieg um 14,3 % zu verzeichnen (2017: 8 Mio. Euro; 2016: 7 Mio. Euro). Eine signifikante Veränderung der Fallzahlen ist seit 2014 nicht zu erkennen; alle Werte liegen in etwa im Durchschnittsbereich der letzten vier Jahre.[74]

---

[71] Musshoff (2018), S. 10.
[72] Vgl. ebenda, S. 10.
[73] Vgl. ebenda, S. 10.
[74] Vgl. Rossow (2018), S. 17.

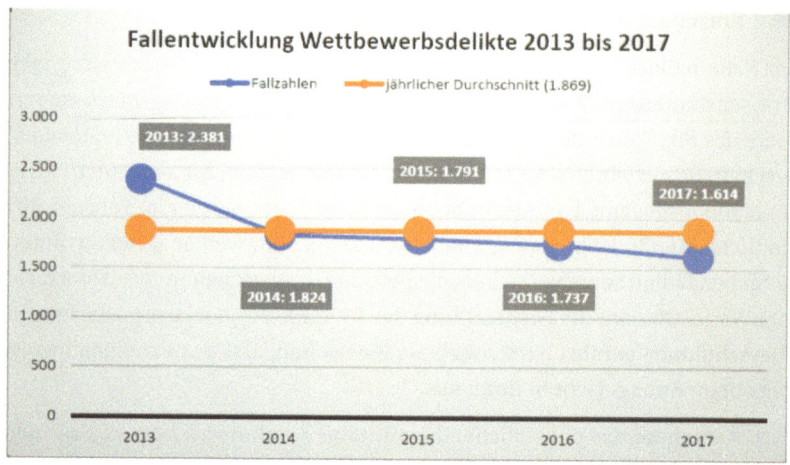

Abbildung 9: Fallentwicklung der Wettbewerbsdelikte von 2013 bis 2017
Quelle: Eigene Darstellung, in Anlehnung an: Rossow (2018), S. 17.

Im Kern besteht das Wettbewerbsstrafrecht, welches übrigens maßgeblich unter dem Einfluss des Europarechts (Kartellbußgeldrecht der EU) steht, aus zwei Rechtsgebieten. Es umfasst sowohl alle Verstöße gegen das Unlauterkeitsstrafrecht, welches „*die Ahndung von Verstößen gegen die Lauterkeit des Wettbewerbs zum Ziel [hat]*"[75] als auch alle Rechtsverstöße gegen in Deutschland geltendes Kartellstrafrecht.[76]

In den Deliktsbereich der Wettbewerbsstraftaten fallen demnach alle Vergehen, die nach dem Strafgesetzbuch geahndet werden (Wettbewerbsbeschränkende Absprachen bei Ausschreibungen nach § 298 StGB) oder gegen Urheberrechtsbestimmungen sowie gegen das Gesetz gegen den unlauteren Wettbewerb (UWG) verstoßen.[77]

3.6.2 Praxisfall: Verstoß gegen das Markengesetz

Nach einem anonymen Hinweis, der bei einer international bekannten Modemarke einging, nahm im Mai 2014 das zuständige Kriminalkommissariat 23 in Bonn die Ermittlungen auf. Im Fokus der Ermittlungen standen zwei aus China stammende Hauptverdächtige, die sich wegen zahlreicher Verstöße gegen das Markengesetz strafbar gemacht hatten. Die Hauptbeschuldigten vertrieben über ein chinesisches

---

[75] Achenbach et al. (2015), S. 257.
[76] Vgl. ebenda, S. 257 f.
[77] Vgl. Rossow (2018), S. 17.

Firmengeflecht, neben gefälschter Markenware, auch echte Uhren der als Lizenzgeber für Markenuhren fungierenden Modemarke. Die Einfuhr der originalen Uhren in den europäischen Wirtschaftsraum erfolgte jedoch ohne das notwendige Einverständnis des Lizenzgebers. Die vollumfänglichen Ermittlungen der Polizeibehörde konnten im März 2015 abgeschlossen werden. Im anschließenden Gerichtsverfahren verurteilte das Landgericht Bonn die beiden Täter zu einer Haftstrafe von drei Jahren und drei Monaten.[78]

3.7 Wirtschaftskriminalität bei Betrug

3.7.1 Entwicklung und Begrifflichkeit

In den Deliktsbereich der Wirtschaftskriminalität bei Betrug fallen nicht pauschal alle Betrugsstraftaten, sondern sie werden nur dann den Wirtschaftsdelikten zugerechnet, wenn diese massenhaft begangen worden sind und ein erwiesener Tat-Täter-Zusammenhang zur Wirtschaftskriminalität besteht. Insbesondere fallen darunter Straftaten der Organisierten Kriminalität, die in Verbindung mit dem Wirtschaftsleben stehen, bei denen regelmäßig hohe finanzielle Schäden festzustellen sind.[79]

Mit einem Gesamtschaden 2017 in Höhe von 2.065 Mio. Euro (Vorjahr 2016: 772 Mio. Euro) und insgesamt 48.103 registrierten Fällen (Vorjahr 2016: 29.160) dominiert dieser Straftatenbereich in der Liste der Wirtschaftsstraftaten.[80]

3.7.2 Praxisfall: Betrug

Im Fokus des Ermittlungsverfahrens der Polizeibehörden in Essen stand ein als Kunsthändler und Kunstberater tätiger Verdächtiger, dem in 22 Fällen vorgeworfen wurde, einen seiner vermögenden Beratungskunden betrogen zu haben. Dem Beschuldigten wird zur Last gelegt, eine Vielzahl von Kunstwerken und Oldtimern im Gesamtwert von 107 Mio. Euro zu unverhältnismäßig hohen Kaufpreisen verkauft haben soll: *„Hierbei stellte der Beschuldigte als Kommissionär dem Geschädigten überhöhte Rechnungen aus, um daraus eine Marge und eine überhöhte Provision*

---

[78] Vgl. Musshoff, Winkmann (2016), S. 10.
[79] Vgl. Rossow (2018), S. 9 f.
[80] Vgl. ebenda, S. 4.

zu erzielen."[81] Die gleiche Vorgehensweise soll der Beschuldigte in zwei weiteren Fällen gewählt haben, um mit einem weiteren Tatkomplizen ausgewählte Kunden zu täuschen. Am 16. März 2015 wurde der Hauptangeklagte vom Landgericht Essen wegen Betrugs zu einer Gesamtfreiheitsstrafe von sechs Jahren verurteilt.[82]

---

[81] Musshoff, Winkmann (2015), S. 6.
[82] Vgl. ebenda, S. 6.

4 Wirtschaftskriminalität in Deutschland: Tatort Unternehmen und öffentliche Institutionen

Im folgenden Kapitel soll gezielt auf die klassischen Erscheinungsformen der Wirtschaftskriminalität, die speziell in Unternehmen und öffentlichen Institutionen vorkommen, eingegangen werden.

Aufgrund der großen Menge und der verschiedenen Ausprägungen der Wirtschaftskriminalität beschränkt sich die Darstellung auf einige ausgewählte Delikte. Hierbei wird eine Umfrage der Wirtschaftsprüfungs- und Beratungsgesellschaft KPMG herangezogen, die im Jahr 2016 durchgeführt und im Rahmen einer Studie veröffentlicht wurde. In der Studie betrachtet werden diejenigen Wirtschaftsdelikte, die am häufigsten in Unternehmen oder öffentlichen Institutionen vorkamen.

Die nachfolgende Referenzgrafik zur veröffentlichten Studie von KPMG soll die Umfrageergebnisse veranschaulichen und zeigt, wie viel Prozent der Unternehmen in Deutschland bereits einmal von dem jeweiligen Deliktsbereich betroffen waren. Hierbei kam es auch zu Mehrfachnennungen seitens der Unternehmen, was die über 100%ige Verteilung im Kreisdiagramm erklärt.

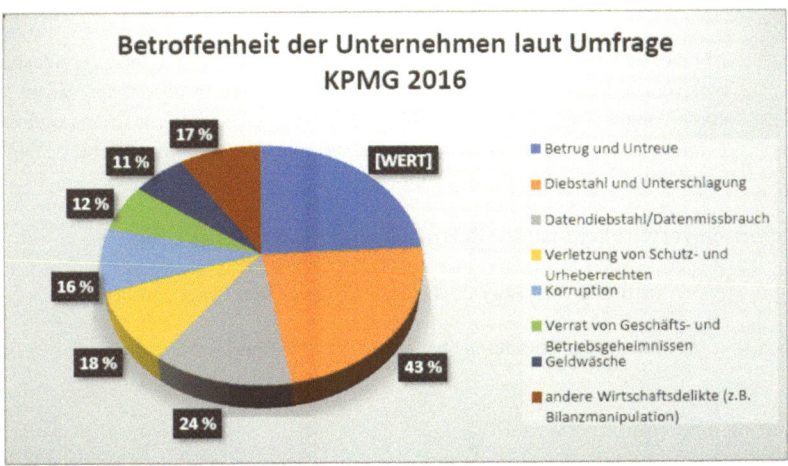

Abbildung 10: Wirtschaftskriminalität im Unternehmen: Umfrageergebnisse der KPMG Studie 2016
Quelle: Eigene Darstellung, in Anlehnung an: Geschonneck, Cai, Scheben (2016), S. 11.

Demzufolge waren die befragten Unternehmen im Erfassungszeitraum am häufigsten von Betrug und Untreue betroffen, dicht gefolgt von Diebstahl und Unterschlagung.

An dritter Stelle folgen Diebstahl sowie Missbrauch von Daten, auf die hier jedoch nicht eingegangen werden soll, da dies den Rahmen der Arbeit sprengen würde.[83]

4.1 Betrug (§ 263 StGB)

4.1.1 Begrifflichkeit

Eines der klassischen Wirtschaftsdelikte, als sogenanntes Vermögensdelikt, ist der Betrug, der nicht nur im alltäglichen Geschäftsbetrieb von Firmen, sondern auch in Verbindung mit Unternehmenskrisen vermehrt auftritt. Wenn die eigenen finanziellen Möglichkeiten allmählich knapp werden, suchen Verbraucher und Unternehmer vermehrt nach neuen Möglichkeiten und Wegen, notfalls auch abseits der Legalität, um sich weitere liquide Mittel zu beschaffen. Gravierende Schäden und Folgen entstehen vor allem für unvorsichtige Unternehmen, die durch mittellose Geschäftspartner, die entweder nicht mehr zahlen können oder wollen, betrogen und geschädigt werden. Diese Schäden können für Unternehmen unter Umständen durchaus existenzbedrohend sein.[84]

Der Grundtatbestand des Betrugs im deutschen Strafrecht nach § 263 StGB Abs. 1 lautet:

> „(1) Wer in der Absicht, sich oder einem Dritten einen rechtswidrigen Vermögensvorteil zu verschaffen, das Vermögen eines anderen dadurch beschädigt, daß er durch Vorspiegelung falscher oder durch Entstellung oder Unterdrückung wahrer Tatsachen einen Irrtum erregt oder unterhält, wird mit Freiheitsstrafe bis zu fünf Jahren oder mit Geldstrafe bestraft."[85]

Demnach verwirklicht ist der Betrug in seiner Grundform, wenn

- „in der Absicht einer (stoffgleichen) Eigen- oder Drittbereicherung
- durch eine Täuschung über (innere oder äußere) Tatsachen

---

[83] Vgl. Geschonneck, Cai, Scheben (2016), S. 10.
[84] Vgl. Harz et al. (2012), S. 46.
[85] § 263 StGB Abs. 1.

- ein Irrtum erregt

- hierdurch eine Vermögensverfügung veranlasst unmittelbar durch diese ein Vermögensschaden veranlasst wird."[86]

Unter Täuschung fällt jegliches Einwirken und irreführende Verhalten, das beim Gegenüber, durch das Wiederspiegeln unwahrer Umstände oder falscher Behauptungen, eine unrichtige Vorstellung bzw. einen Irrtum über betrugsrelevante Tatsachen, zum Beispiel die vereinbarte Beschaffenheit einer Sache oder die tatsächliche Vermögenslage einer Person, insbesondere Zahlungsunfähigkeit, hervorruft. Die Täuschung kann nicht nur durch ein aktives oder konkludentes „Tun", wie beispielsweise den Bezug von Sozialleistungen ohne Leistungsberechtigung, sondern auch durch pflichtwidriges Unterlassen, zum Beispiel das Vorenthalten vertragsrelevanter Informationen wie Zahlungsunfähigkeit, verübt werden.[87]

Voraussetzungen für den Straftatbestand ist, dass die Fehlvorstellung, die durch die Täuschung hervorgerufen wurde, kausal für die Vermögensverfügung und -schädigung ist und vorsätzlich begangen worden sein muss. Des Weiteren ist schon der Versuch des Betrugs nach § 263 Abs. 2 StGB strafbar.[88]

Eine der einfachsten Formen von Betrugshandlungen liegt beispielsweise vor, wenn ein Unternehmer eine Warenbestellung aufgibt, die angelieferten Waren dann aber nicht bezahlt werden, während im Vorfeld schon klar ist, dass der Unternehmen den Zahlungsverpflichtungen nicht nachkommen kann oder nicht nachkommen möchte. Der Käufer hat in diesem Fall den Lieferanten über seine Zahlungsfähigkeit oder -willigkeit vorsätzlich getäuscht, weshalb der Grundtatbestand des Betrugs nach § 263 StGB verwirklicht ist. [89]

4.1.2 Deliktsstruktur des Kapitalanlagebetrugs (§ 264a StGB)

Der § 264a StGB definiert den Kapitalanlagebetrug: Darunter fallen alle betrügerischen Handlungen in Zusammenhang mit der Vermittlung von Kapitalmarktprodukten wie beispielsweise Wertpapieren, Bezugsrechten oder Anteilen am Unternehmenserfolg.[90]

---

[86] Harz et al. (2012), S. 46.
[87] Vgl. Dölling et al. (2007), S. 454.
[88] Vgl. ebenda, S. 455.
[89] Vgl. Liebl (2016), S. 4.
[90] Vgl. ebenda, S. 4 f.

„Wer im Zusammenhang mit

1. dem Vertrieb von Wertpapieren, Bezugsrechten oder von Anteilen, die eine Beteiligung an dem Ergebnis eines Unternehmens gewähren sollen, oder

2. dem Angebot, die Einlage auf solche Anteile zu erhöhen,

in Prospekten oder in Darstellungen oder Übersichten über den Vermögensstand hinsichtlich der für die Entscheidung über den Erwerb oder die Erhöhung erheblichen Umstände gegenüber einem größeren Kreis von Personen unrichtige vorteilhafte Angaben macht oder nachteilige Tatsachen verschweigt, wird mit Freiheitsstrafe bis zu drei Jahren oder mit Geldstrafe bestraft."[91]

Neben Schneeballsystemen und Schrottimmobilien zählen auch Investitionen in nicht werthaltige Firmen, bei denen die Existenz vorgetäuscht und die Firma oft nur auf dem Papier besteht, zu den gängigsten Anlagebetrugsmodellen in der Statistik der Wirtschaftskriminalität.[92]

4.1.3 Praxisfall: Kapitalanlagebetrug

Der nachfolgende Fall des Finanzdienstleisters Infinus soll beispielhaft den Ablauf und die Funktionsweise des Kapitalanlagebetrugs nach § 264a StGB aufzeigen.

Seit 2012 läuft das Ermittlungsverfahren der Staatsanwaltschaft Dresden in Zusammenarbeit mit dem Landeskriminalamt Sachsen gegen insgesamt zehn Mitarbeiter der Infinus AG, davon sechs führende Manager des Infinus-Firmengeflechts. Gegen die Beschuldigten wird wegen des gewerbs- und bandenmäßigen Betrugs in einem besonders schweren Fall und Kapitalanlagebetrugs ermittelt. Ihnen wird vorgeworfen, ein sogenanntes „Schneeballsystem" aufgebaut und damit etwa 22.000 Anleger um rund 312 Millionen Euro betrogen zu haben.[93]

Unter einem Schneeballsystem, wie dem hier vorliegenden, wird ein Geschäftsmodell verstanden, bei dem eine ständig wachsende Zahl an Teilnehmern benötigt wird, damit das Modell weiter funktionieren kann. *„Gewinne für Teilnehmer entstehen beinahe ausschließlich dadurch, dass neue Teilnehmer geworben werden, die wiederum Geld investieren, ohne jegliche Dienstleistung oder ein Produkt zu erhalten."*[94]

---

[91] § 264a StGB
[92] Vgl. Liebl (2016), S. 4 f.
[93] Vgl. o. V. (2018), MDR Sachsen, Mdr.de, URL.
[94] Ebenda.

Teilnehmer an Schneeballsystem sehen ihr Geld in der Regel nicht mehr wieder, denn die dabei erzielten Gewinne entstehen lediglich auf dem Papier.[95]

Den Managern des Infinus-Finanzkonzerns wird vorgeworfen „*über ein umfangreiches Konglomerat von 21 Firmen verschiedene Finanzprodukte wie Orderschuldverschreibungen, Genussscheine, Nachrangdarlehen, Fonds, Immobilien und Versicherungen vertrieben sowie mit Edelmetallen, insbesondere Gold, gehandelt zu haben. Dabei wurden die angelegten Gelder zum größten Teil nicht in die versprochenen Produkte gewinnbringend investiert, sondern in einem Geldkarussell eingesetzt und größtenteils zur Auszahlung fälliger Renditen sowie für den persönlichen Bedarf genutzt.*"[96] Nach Ansicht der Staatsanwaltschaft Dresden erfüllt dies den Tatbestand des banden- und gewerbsmäßigen Betrugs nach § 263 StGB und des Kapitalanlagebetrugs nach § 264a StGB.[97]

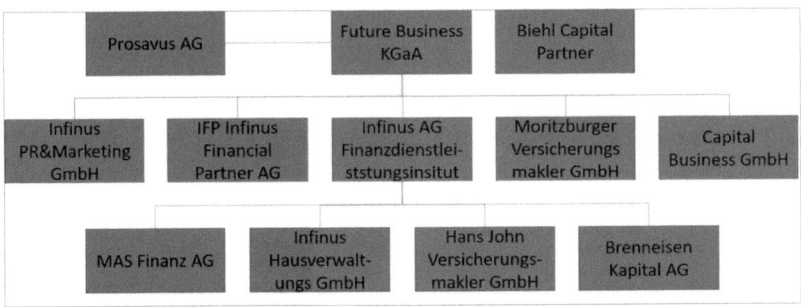

Abbildung 11: Ausschnitt aus dem komplizierten Infinus-Firmengeflecht
Quelle: Eigene Darstellung, in Anlehnung an: o. V. (2015), Überblick, MDR Sachsen, Mdr.de, URL.

Die Ermittlungen überhaupt erst ins Rollen gebracht hatten Hinweise der Finanzdienstleistungsaufsicht BaFin und der Deutschen Bundesbank. Es folgten umfangreiche Ermittlungen und Durchsuchungen der Polizei; zeitweise waren bis zu 400 Polizisten an den Razzien in den Privatwohnungen und Geschäftsräumen der rund 30 Unternehmen der Infinus-Gruppe beteiligt. Kurz darauf wurden sechs Mitarbeiter des Infinus-Konzerns festgenommen. Im Zuge der Ermittlungen wurden, kurz nach dem Bekanntwerden der Durchsuchungen, der Beschlagnahmung des

---

[95] Vgl. o. V. (2015), Prozess-Auftakt in Dresden, MDR Sachsen, Mdr.de, URL.
[96] Rossow (2018), S. 14.
[97] Vgl. o. V. (2018), MDR Sachsen, Mdr.de, URL.

Firmenvermögens und der Festnahme der sechs Infinus-Manager, schrittweise die Insolvenzverfahren für fast alle der 21 Firmen der Unternehmensgruppe eröffnet. Die teilweise sehr komplexen Insolvenzverfahren werden voraussichtlich noch einige Jahre in Anspruch nehmen.[98]

Die bisher genannten Beschuldigungen scheinen aber nur die Spitze des Eisbergs zu sein: Im aktuellen Prozess gegen die sechs Beschuldigten geht es nur um einen geringen Teil der vermuteten, deutlich höher ausfallenden Gesamtschadenssumme. Laut den Ermittlern des Landeskriminalamts Sachsen beträgt die tatsächliche Schadenssumme rund 2.100 Millionen Euro, um die rund 54.000 Anlegern geschädigt worden sind. Die Betroffenen werden wahrscheinlich nur einen Bruchteil ihrer investierten Summe aus der Insolvenzmasse zurückerhalten. Auch deshalb, weil auf Grund des Beschleunigungsgebots der Staatsanwaltschaft den in Untersuchungshaft befindlichen Angeklagten ein schnelles Verfahren ermöglicht werden soll. Im Falle einer Verurteilung drohen den Beschuldigten bis zu zehn Jahre Haft.[99]

4.2 Diebstahl (§ 242 StGB) und Unterschlagung (§ 246 StGB)

4.2.1 Begrifflichkeit

Im Brennpunkt der Wirtschaftskriminalität in Deutschland stehen seit Jahren Diebstähle und Unterschlagungen in Unternehmen und öffentlichen Institutionen. Die Bandbreite der Delikte in diesem Bereich reicht vom klassischen Diebstahl von Firmeneigentum, wie zum Beispiel von Waren, Gütern, Betriebs- und Geschäftsausstattung des Unternehmens, über Raub von geistigem Eigentum mittels Spionage bis hin zur Unterschlagung von finanziellen Mitteln durch die eigenen Firmenangestellten oder externen Personen.[100]

Finanzielle Schäden durch Diebstahl im Sinne des § 242 StGB entstehen für Unternehmen am häufigsten durch die eigenen Firmenmitarbeiter. Davon besonders betroffen sind (Einzel-) Handelsunternehmen, Material- und Lagerwirtschaftsbetriebe und Unternehmen mit Branchenschwerpunkt in der Konsumgüterindustrie. Nach einer Schätzung der Wirtschaftsprüfungs- und Beratungsgesellschaft KPMG

---

[98] Vgl. o. V. (2015), Prozess-Auftakt in Dresden, MDR Sachsen, Mdr.de, URL.
[99] Vgl. o. V. (2015), Prozess-Auftakt in Dresden, MDR Sachsen, Mdr.de, URL.
[100] Vgl. Harz et al. (2012), S. 126.

sind in den letzten beiden Jahren 2013 und 2014 knapp sieben Milliarden Euro Schaden für deutsche Unternehmen[101] durch Diebstahl und Unterschlagung entstanden.[102]

Der Diebstahl fällt unter die Eigentumsdelikte und ist im Strafgesetzbuch in § 242 StGB wie folgt definiert:

> „(1) Wer eine fremde bewegliche Sache einem anderen in der Absicht wegnimmt, die Sache sich oder einem Dritten rechtswidrig zuzueignen, wird mit Freiheitsstrafe bis zu fünf Jahren oder mit Geldstrafe bestraft.
>
> (2) Der Versuch ist strafbar."[103]

In jüngster Zeit standen vor allem Diebstähle von geringwertigen Waren wiederholt im Fokus von Öffentlichkeit und Presse. So wurden die Fälle, in denen eine Sekretärin unerlaubt eine Frikadelle entwendete oder eine Supermarkt-Angestellte verbotenerweise einen geringwertigen Pfandbon aus der Kasse für sich persönlich einlöste, medienwirksam ausgeschlachtet. Dies löste aber auch eine öffentliche Diskussion über die Verhältnismäßigkeit von Tat und Strafe aus. Obwohl solche Fälle natürlich hervorstechen, da *„offensichtlich die Ursache und die Wirkung in einem krassen Missverhältnis stehen"*[104], muss die deutsche Justiz gemäß dem Rechtssprichwort „iudex non calculat" („ein Richter rechnet nicht") auch kleine Bagatelldelikte entsprechend bestrafen, da der Wert des Diebstahls hierbei keine Rolle spielt.[105]

Lt. Süddeutscher Zeitung wurden den betreffenden Polizeidienststellen knapp 40.000 Fälle von einfachem und mehr als 80.000 Fälle von schwerem Diebstahl aus unternehmenseigenen Räumen und Hallen gemeldet. Die Täter sind fast immer schon länger im Unternehmen beschäftigte Mitarbeiter und i.d.R. Wiederholungstäter.[106]

---

[101] Gilt für Unternehmen mit mehr als 50 Mitarbeitern.
[102] Vgl. o. V. (2015), Rheinische Post Online, Rp-online.de, URL.
[103] § 242 StGB
[104] Harz et al. (2012), S. 126.
[105] Vgl. ebenda, S. 126.
[106] Vgl. Kutsche, Wilke (2018), Süddeutsche Zeitung, Sueddeutsche.de, URL.

Der Straftatbestand der Unterschlagung ist in § 246 StGB geregelt und sanktioniert rechtswidrige Handlungen wie folgt:

> „(1) Wer eine fremde bewegliche Sache sich oder einem Dritten rechtswidrig zueignet, wird mit Freiheitsstrafe bis zu drei Jahren oder mit Geldstrafe bestraft, wenn die Tat nicht in anderen Vorschriften mit schwererer Strafe bedroht ist.
>
> (2) Ist in den Fällen des Absatzes 1 die Sache dem Täter anvertraut, so ist die Strafe Freiheitsstrafe bis zu fünf Jahren oder Geldstrafe.
>
> (3) Der Versuch ist strafbar."[107]

Unterschlagung tritt vor allem in Abteilungen von Unternehmen auf, in denen die Angestellten in Kontakt mit Bargeld kommen und darüber Kontrolle erlangen. Signifikant für das Mitarbeiterphänomen der Unterschlagung ist deren Durchführung am Tatort Arbeitsplatz. Besonders die Finanzdienstleistungsbranche ist von Unterschlagungen betroffen; so finden Täter oftmals Sicherheitslücken im System und umgehen gekonnt die Sicherheitsvorkehrungen, die Entwendungen vermeiden sollen. Auch eine Ausnutzung der Unternehmensprozesse und -strukturen seitens der Täter ist denkbar, damit diese ungehindert finanzielle Mittel unterschlagen können.[108]

Im Gegensatz zum Diebstahl nach § 242 StGB wird dem Tatbestand der Unterschlagung eine eher untergeordnete Rolle in der strafrechtlichen Praxis zuteil, denn dieser tritt als Auffangtatbestand hinter den meisten Wirtschaftsdelikten im Unternehmen zurück.[109]

4.2.2 Fallbeispiel: Warendiebstahl

Um den Ablauf und die Funktionsweise des Warendiebstahls durch Mitarbeiter, die dadurch entstandenen Schäden und die möglichen strafrechtlichen Konsequenzen für die Täter übersichtlich und nachvollziehbar darzustellen, wird zunächst auf ein fiktives Fallbeispiel zurückgegriffen, um einen idealtypischen Ablauf eines solchen Diebstahldelikts darzustellen.

Die Discounterkette Puls GmbH teilte den zuständigen Ermittlungsbehörden in Nürnberg am 20. August 2017 einen wirtschaftlichen Schaden (Vertrauens-

---

[107] § 246 StGB
[108] Vgl. Seitz (2011), S. 21.
[109] Vgl. Harz et al. (2012), S. 126 f.

schaden) in Höhe von 115.00 Euro mit. Bereits einige Tage zuvor, am 15. August 2017, hatte die Puls GmbH nach einem anonymen Tipp Strafanzeige wegen schweren Bandendiebstahls gegen vier Mitarbeiter der Discounterkette gestellt. Der anonyme Hinweisgeber informierte die Geschäftsleitung des Discounters darüber, dass die vier im Außenlager des Unternehmens tätigen Mitarbeiter Waren unterschlagen hätten.[110]

Der festgestellte Fehlbestand an Waren umfasste nach einer ersten Untersuchung insgesamt 90.000 Getränkedosen, die in drei Lieferungen zu je 30.000 Dosen dem Unternehmen angeliefert wurden. Nach der Abnahme der Lieferungen durch die beiden Mitarbeiter Herr Gutlieb und Frau Engel, die auch die Lieferscheine unterschrieben hatten, wurde die angelieferte Ware vorschriftsmäßig im Warenwirtschaftssystem der Discounterkette erfasst. Eine später durchgeführte Inventur bestätigte, dass die Getränkedosen tatsächlich fehlten. [111]

Ein Fehler im elektronischen Warenwirtschafts- und Buchungssystem des Discounters, der den fehlenden Warenbestand erklären könnte, konnte ausgeschlossen werden. Ein Diebstahl durch die Mitarbeiter war nach Ansicht der polizeilichen Ermittlungsbehörden die wahrscheinlichste Ursache für den Warenschwund.[112]

Im Anschluss an die Vermutungen der Polizei wurde nicht nur das Außenlager der Discounterkette mit Überwachungskameras ausgestattet, sondern auch ein Privatdetektiv wurde mit der Beobachtung des Lagers beauftragt. Dieser konnte nach einer längeren Observation herausfinden, dass Herr Gutlieb immer wieder Waren innerhalb seiner Nachtschichten fortgeschafft hat. Schließlich griff der Privatdetektiv mit seinen Kollegen am 21. September 2017 ein, als jener Mitarbeiter erneut versucht hat, während der Nachtschicht Waren zu entwenden. Zwar konnte Herr Gutlieb selbst flüchten, die Ermittler konnten allerdings einen Handlanger des Täters festhalten und im privaten Tatfahrzeug der Diebe die bereits verladene Ware im Wert von knapp 10.000 Euro sicherstellen.[113]

Im anschließenden Gerichtsverfahren wurde Herr Gutlieb wegen Diebstahls nach § 242 StGB in Höhe von ca. 10.000 Euro verurteilt. Allerdings konnte ihm der

---

[110] Vgl. ebenda, S. 128.
[111] Vgl. ebenda, S. 128.
[112] Vgl. ebenda, S. 128.
[113] Vgl. Harz et al. (2012), S. 128 f.

Diebstahl der Getränkedosen auf Grund von Mangel an Beweisen nicht nachgewiesen werden. Unter Berücksichtigung des Dosenpfands, beläuft sich nach einer ersten Schätzung, der für die Puls GmbH entstandene Gesamtschaden auf insgesamt 137.500 Euro.[114]

Neben diesem idealtypischen Ablauf hat Diebstahl im realen Unternehmensalltag viele Gesichter. Sie reichen von jahrelangem Entwenden von Bargeld aus einem Schuhgeschäft oder aus einer Arztpraxis, über die Mitnahme von Leergut, bis hin zu 25 Tonnen an Büro- und Reinigungsmaterialen, die ein Hausmeister der Stadtverwaltung der Stadt Stuttgart über Jahre hinweg mit nach Hause genommen und dort aufbewahrt hatte.[115]

4.3 Korruption

4.3.1 Begrifflichkeit

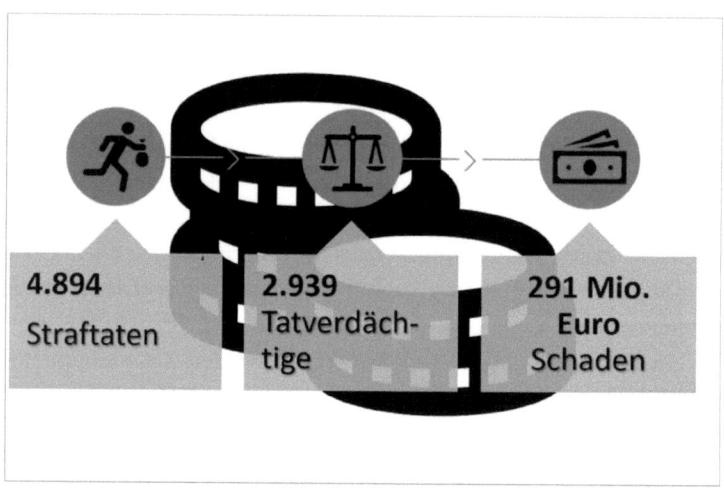

Abbildung 12: Wirtschaftskriminalität in Deutschland: Korruption 2017 in Zahlen
Quelle: Eigene Darstellung, in Anlehnung an: Bundeskriminalamt (2018), Korruption, S. 3 ff.

---

[114] Vgl. ebenda, S. 128 f.
[115] Vgl. Kutsche, Wilke (2018), Süddeutsche Zeitung, Sueddeutsche.de, URL.

Die Darstellung von Korruption setzt voraus, dass Klarheit darüber herrscht, was unter dem Begriff der Korruption exakt zu verstehen ist. Aufgrund der vielen Erscheinungsformen ist es jedoch schwierig, den Begriff der Korruption genau zu definieren, denn ebenso wie für den Terminus der Wirtschaftskriminalität, gibt es für die Korruption keine einheitliche Legaldefinition des deutschen Gesetzgebers.[116]

„Im Kern geht es bei der Korruption darum, dass eine Person, die bestimmte Aufgaben wahrzunehmen hat, für ein Handeln oder Unterlassen im Rahmen der Aufgabenerfüllung unzulässige Vorteile erhält."[117] Die Person kann hierbei im Bereich des öffentlich-rechtlichen Dienstes stehen oder für eine privatrechtliche Institution tätig sein. Der Auftrags- bzw. Vorteilsgeber versucht in der Regel durch finanzielle Anreize auf die Aufgabenerfüllung des Vorteilsnehmers in rechtswidriger Weise Einfluss zu nehmen, während der Vorteilsnehmer seine Machtposition ausnutzt, um unrechtmäßige Vorteile für seinen Auftragsgeber durchzusetzen. Dies hat zur Folge, dass die Aufgabenerfüllung durch den Vorteilsnehmer nicht mehr im Sinne und im Rahmen der geltenden Regeln der Institution ausgeführt wird und dieser im Ergebnis dem Unternehmen, für das er tätig ist, wirtschaftlichen Schaden zufügt[118]

Das Bundeskriminalamt spricht von Korruption, wenn die folgenden Charakteristika einer strafbaren Handlung vorliegen:

- „Missbrauch eines öffentlichen Amtes, einer Funktion in der Wirtschaft oder eines politischen Mandats

- zugunsten eines anderen

- auf dessen Veranlassung oder Eigeninitiative

- zur Erlangung eines Vorteils für sich oder einen Dritten

- mit Eintritt oder in Erwartung des Eintritts eines Schadens oder Nachteils

---

[116] Vgl. Dölling et al. (2007), S. 2.
[117] Dölling et al. (2007), S. 3.
[118] Vgl. Dölling et al. (2007), S. 3.

- für die Allgemeinheit (in amtlicher oder politischer Funktion) oder

- für ein Unternehmen (betreffend Täter als Funktionsträger in der Wirtschaft)."[119]

Das Kern- und Nebenstrafrecht zur Korruption wurde um das Korruptionsbekämpfungsgesetzes (KorruptionsbG) zur Verbesserung der Bekämpfung korruptiven Verhaltens erweitert, welches am 26. November 2015 in Kraft getreten ist. Seitdem umfasst es die auf der nächsten Seite folgenden zentralen Straftatbestände:

Straftatbestände	2016	2017	+/-	Tendenz
§ 299 StGB - Bestechlichkeit und Bestechung im geschäftlichen Verkehr	701	1.197	+496	⇑
§ 299a StGB - Bestechlichkeit im Gesundheitswesen	8	62	+54	⇑
§ 299b StGB - Bestechung im Gesundheitswesen	6	66	+60	⇑
§ 300 StGB - Besonders schwere Fälle der Bestechlichkeit und Bestechung im geschäftlichen Verkehr und im Gesundheitswesen	866	128	-738	⇓
§ 331 StGB - Vorteilsannahme	952	341	-611	⇓
§ 332 StGB - Bestechlichkeit	1.209	802	-407	⇓
§ 333 StGB - Vorteilsgewährung	686	393	-293	⇘
§ 334 StGB - Bestechung	1.844	768	-1.076	⇓
§ 335 StGB - Besonders schwere Fälle der Bestechlichkeit und Bestechung	150	1.097	+947	⇑
§ 335a StGB - Ausländische und internationale Bedienstete	6	9	+3	⇗
Gesetz zur Bekämpfung internationaler Bestechung (IntBestG)	29	3	-26	⇓
§ 108b StGB - Wählerbestechung	23	4	-19	⇓
§ 108e StGB - Bestechlichkeit und Bestechung von Mandatsträgern	22	24	+2	⇗

Tabelle 1: Tabellarische Übersicht zu den einzelnen Straftatbeständen der Korruption
Quelle: Eigene Darstellung, in Anlehnung an: Bundeskriminalamt (2018), Korruption, S. 4.

---

[119] Bundeskriminalamt (2018), Korruption, S. 1.

Wie in der obigen Darstellung zu sehen ist, handelt es sich bei der Mehrzahl der begangenen Korruptionsstraftaten im Bereich der Wirtschaftskriminalität um einschlägige Bestechungsdelikte. Allerdings sind die bei der Polizei registrierten Straftaten jedes Jahr starken Schwankungen unterzogen. Einerseits liegt dies am großen Dunkelfeld, da jedes Jahr nur ein Teil aller begangenen Korruptionshandlungen überhaupt bekannt wird, andererseits an den oft komplexen und langjährigen großen Ermittlungsverfahren der Polizeibehörden.[120]

4.3.2 Praxisfall: Korruption

Die Staatsanwaltschaft Bremen ermittelt aufgrund von Recherchen von Radio Bremen, NDR und „Süddeutscher Zeitung" gegen eine frühere Mitarbeiterin des Bundesamtes für Migration und Flüchtlinge (BAMF). Die genannten Medien hatten publik gemacht, dass die Beschuldigte im Zeitraum von 2013 bis 2017 in rund 2000 Fällen die Asylgewährung befürwortet hatte, ohne dass die dafür notwendigen rechtlichen Vorrausetzungen gegeben waren.[121]

Nicht nur gegen die Leiterin der Außenstelle des BAMF in Bremen, die bereits vom Dienst suspendiert wurde, wird wegen Bestechung und Bestechlichkeit ermittelt, sondern auch gegen drei Rechtsanwälte und einen Dolmetscher hat das Bundesamt für Migration und Flüchtlinge Strafanzeige bei der Staatsanwaltschaft in Bremen gestellt. Laut Staatsanwaltschaft Bremen besteht hier der Verdacht, dass sich die Angeklagten neben Korruptionsdelikten auch durch weitere Rechtsverstöße, insbesondere wegen bandenmäßiger Verleitung zur missbräuchlichen Asylantragstellung, strafbar gemacht haben. Es folgten Durchsuchungen und Razzien durch die polizeilichen Ermittlungsbehörden von insgesamt acht Objekten, bestehend aus den Kanzleien und Privatwohnungen der Rechtsanwälte sowie der Wohnung der ehemaligen BAMF-Mitarbeiterin.[122]

Die Mitarbeiterin der Außenstelle des Bundesministeriums arbeitete offenbar mit den drei beschuldigten Anwälten zusammen. Diese sollen der Leiterin gezielt Asylbewerber, auch aus anderen Bundesländern, u.a. per Bustransport zugeführt haben, obwohl besagte Leiterin für die Flüchtlinge gar nicht zuständig war. Die Beschuldigte hatte dann offenbar in Eigenregie priorisiert und auffallend positiv über

---

[120] Vgl. Stirnimann (2018), S. 45 ff.
[121] Vgl. o. V. (2018), Frankfurter Allgemeine, Faz.net, URL.
[122] Vgl. Richter, Strozyk (2018), Süddeutsche Zeitung, Sueddeutsche.de, URL.

die Asylanträge entschieden, obwohl die Bremer BAMF-Außenstelle vorschriftsgemäß nicht für die Antragssteller zuständig gewesen war. Des Weiteren soll die Referatsleiterin, auf Anweisung eines Rechtsanwalts, in mehreren bereits abgelehnten Asylanträgen eine Abänderung des Erstbescheides erwirkt und ein Abschiebungsverbot für die Flüchtlinge herbeigeführt haben.[123]

Nach einer auffallend hohen Schutzquote von 96 % der Bremer Außenstelle im Bundesvergleich[124] und diversen Unstimmigkeiten in Asylbescheiden ist der Skandal aufgefallen. Die Tatmotive sind allerdings weiterhin unklar, denn es ist derzeit noch Gegenstand der staatsanwaltlichen Ermittlungen, ob für die Herbeiführung positiver Asylbescheide Geld geflossen ist. Sicher ist hingegen, dass die BAMF-Mitarbeiterin dafür diverse Zuwendungen, beispielsweise in Form von privaten Restaurant-Einladungen, erhalten hat.[125]

---

[123] Vgl. o. V. (2018), Frankfurter Allgemeine, Faz.net, URL.
[124] zum Vergleich: Der Schutzquoten-Durchschnitt der anderen Bundesländer liegt bei 62 %
[125] Vgl. Richter, Strozyk (2018), Süddeutsche Zeitung, Sueddeutsche.de, URL.

5 Täterkreis

Nachdem die Täter bereits in den obigen Ausführungen und Beispielfällen näher beleuchtet wurden, soll jetzt noch einmal im Allgemeinen auf den Täterkreis bei wirtschaftskriminellen Handlungen eingegangen werden.

Im Jahr 1939 veröffentlichte der Kriminologe Edwin H. Sutherland die Fallstudie „White-Collar Crime". Ziel dieser Studie war es, die Motive der Täter zu verstehen und aufzuzeigen, dass Wirtschaftsstraftaten nicht nur von Tätergruppierungen aus der sozialen Unterschicht, sondern auch von Straftätern mit „weißem Hemdkragen" aus der Mittel- und Oberschicht begangen wurden. Dabei handelt es sich vornehmlich um höherrangige Angestellte und Führungskräfte in Unternehmen oder im Staatsdienst.[126] Laut einer Studie der führenden Wirtschaftsprüfungs- und Beratungsgesellschaft PwC stammt knapp ein Viertel der Straftäter aus dem Top-Management.[127]

Betrachtet man den Täterkreis aus dem Blickwinkel der Unternehmen oder betroffenen Institutionen, so werden diese grundsätzlich von zwei Tätergruppen bedroht: einerseits droht Gefahr von innen durch die eigenen Angestellten, andererseits können Unternehmen auch durch wirtschaftskriminelle Handlungen von Kunden und Lieferanten, Business Partnern sowie externen Dritten, wie zum Beispiel vermeintlich seriösen Beratern, die von anderen Unternehmen kommen, geschädigt werden. Auch ein Zusammenspiel dieser Tätergruppierungen ist denkbar.[128]

Obwohl die Wirtschaftskriminalität in Deutschland jedes Jahr große Schäden bei Unternehmen, Gesellschaft und Staat anrichtet, weiß man über die Tatmotive der Wirtschaftskriminellen allerdings noch recht wenig: *„Geld, die persönliche Bereicherung des Straftäters, ist häufig nur das vordergründige Motiv. Dahinter stecken meist tiefere Bedürfnisse nach Anerkennung und Selbstbestätigung."*[129]

Um die tieferen Beweggründe der Täter zu verstehen, entwickelte einer von Edwin H. Sutherlands Studenten in den 1950er Jahren ein Erklärungsmodell, das sogenannte „Fraud-Dreieck". Das Modell von Donald R. Cressey soll dabei helfen, die

---

[126] Vgl. Stirnimann (2018), S. 22 ff.
[127] Vgl. o. V. (2010), PwC Deutschland, Pwc.de, URL.
[128] Vgl. Jackmuth et al. (2012), S. 7.
[129] O. V. (2010), PwC Deutschland, Pwc.de, URL.

Ursachen wirtschaftskrimineller Handlungen herauszufinden. Das Erklärungsmodell besagt, dass Täter zu wirtschaftskriminellen Handlungen verleitet werden, wenn die folgenden drei Elemente: ein Motiv zur Tatbegehung, die Gelegenheit zur Tatausübung und die Rechtfertigung der eigenen Tat zusammentreffen.[130]

Abbildung 13: Das Fraud-Dreieck nach Donald R. Cressey
Quelle: Eigene Darstellung, in Anlehnung an: Stirnimann (2018), S. 25.

Die stärkste treibende Kraft des Fraud-Dreiecks, welche die Täter zu wirtschaftskriminellen Handlungen verleitet, ist das Motiv. In vielen Fällen handeln die Täter aus finanziellen Beweggründen heraus, allerdings kann auch die Suche nach Herausforderungen oder das Verlangen nach Ruhm und Bewunderung einen Motivationsgrund zur Tatbegehung darstellen. Als zweites Element spielt die Gelegenheit eine wichtige Rolle, denn bietet sich dem der Täter keine günstige Gelegenheit, in der er unbeobachtet ist, oder erkennt er keine Schwachstelle im System, die er für seine kriminellen Machenschaften ausnutzen könnte, fehlt der notwendige Impuls zur Tatbegehung. Der letzte, aber dennoch nicht unwichtige Faktor, ist die Rechtfertigung des Täters. Dieser muss die Straftat mit sich und seinem Gewissen ausmachen können, um nicht von Zweifeln und Schuldgefühlen von der Begehung der Tat abgehalten zu werden.[131]

---

[130] Vgl. Schuchter (2018), S. 26 ff.
[131] Vgl. Stirnimann (2018), S. 25 ff.

Die Studie bestätigt die anfangs getroffene Feststellung, dass die Wirtschaftskriminalität in Deutschland allgegenwärtig und alltäglich ist. Wirtschaftskriminalität kann jeden treffen, wenn das entsprechende Motiv, die günstige Gelegenheit und die passende Rechtfertigung aufeinandertreffen.

6 Schlussbetrachtung

Ziel der vorliegenden Bachelorarbeit war es, die Fall- und Schadensentwicklung der Wirtschaftskriminalität in Deutschland innerhalb der letzten Jahre sowohl theoretisch, als auch anhand ausgewählter Beispielfälle aufzuzeigen. Neben einer detaillierten Betrachtung der einzelnen Deliktsbereiche wurde auch auf die Erscheinungsformen der Wirtschaftskriminalität in Unternehmen und öffentlichen Institutionen näher eingegangen. Ferner war Zielsetzung dieser Arbeit, eine Übersicht über den Täterkreis wirtschaftskrimineller Handlungen zu geben.

Im Rahmen dieser Arbeit ist deutlich geworden, dass die Entwicklung der Wirtschaftskriminalität in Deutschland in einigen Deliktsbereichen als besorgniserregend bezeichnet werden kann. Dies liegt sowohl an der teilweise exorbitanten Zunahme der Fallzahlen, die sich auf dem höchsten Stand der letzten fünf Jahre befinden, als auch an der großen Steigerung der Schadenshöhe seit 2015. Hier gilt es, die bedrohliche Entwicklung weiter zu beobachten und zu analysieren bzw. deren Hintergründe weiter zu erforschen.

Letztendlich ist festzuhalten, dass die Wirtschaftskriminalität mit ihren negativen Auswirkungen nicht nur auf den einzelnen Bürger, sondern auch auf Staat und Gesellschaft einwirkt. Es bedarf sicher einer verstärkten Anstrengung seitens der Ermittlungs- und Justizbehörden und Gesetzgebers, um diese besorgniserregende Entwicklung weiter einzudämmen. Bestehende Bekämpfungsstrategien der Ermittlungsbehörden gegen Wirtschaftskriminalität müssen weiter optimiert werden, damit die immer neu auftretenden Erscheinungsformen auch in Zukunft wirksam bekämpft werden können.

Literaturverzeichnis

Printmedien

Achenbach, Hans et al. (2015) in Achenbach, Hans; Ransiek, Andreas; Rönnau, Thomas (Hrsg.): *Handbuch Wirtschaftsstrafrecht.* 4. Auflage, Heidelberg.

Dölling, Dieter et al. (2007) in Dölling, Dieter (Hrsg.): *Handbuch der Korruptionsprävention.* München.

Harz, Michael; Weyand, Raimund; Reiter, Julius F.; Methner, Olaf; Noa, Daniel (2012): *Mit Compliance Wirtschaftkriminalität vermeiden. Risikoprävention, Früherkennung, Fallbeispiele.* Stuttgart.

Hofmann, Stefan (2008): *Handbuch Anti-Fraud-Management. Bilanzbetrug erkennen - vorbeugen – bekämpfen.* Berlin.

Jackmuth, Hans-Willi et al. (2012), in Jackmuth, Hans-Willi; de Lamboy, Christian; Zawilla, Peter (Hrsg.): *Fraud Management. Der Mensch als Schlüsselfaktor gegen Wirtschaftskriminalität.* 1. Auflage, Frankfurt am Main.

Ohne Verfasser: *Wirtschaftskriminalität auf Höchststand ....* Fränkischer Tag Bamberg. 13. Juni 2018. S. 7.

Online zur Verfügung gestellte Quellen

E-Books

Klapproth, Uwe et al. (2017) in Hlavica, Christian; Hülsberg, Frank M; Klapproth, Uwe (Hrsg.): *Tax Fraud & Forensic Accounting. Umgang mit Wirtschaftskriminalität.* 2. Auflage, Wiesbaden.

Liebl, Karlhans (2016): *Wirtschafts- und Organisierte Kriminalität.* 2. Auflage, Wiesbaden.

Schuchter, Alexander (2018): *Wirtschaftskriminalität und Prävention. Wie Führungskräfte Täterwissen einsetzen können.* Wiesbaden.

Seitz, Stefanie (2011) in Looschelders, Dirk; Michael, Lothar (Hrsg.): *Die Bedeutung der Vertrauensschadenversicherung im Kontext von Wirtschaftskriminalität, Risikomanagement und Compliance.* Karlsruhe.

Stirnimann, Sonja (2018): *Der Mensch als Risikofaktor bei Wirtschaftskriminalität. Handlungsfähig bei Non-Compliance und Cyberkriminalität.* Wiesbaden.

PDF-Dokumente

Bundeskriminalamt (2001, Hrsg.): *Bundeslagebild Wirtschaftskriminalität 2000.* Wiesbaden.

Bundeskriminalamt (2017, Hrsg.): *Polizeiliche Kriminalstatistik. Bundesrepublik Deutschland. Übersicht Summenschlüssel 2017.* Wiesbaden.

Bundeskriminalamt (2018, Hrsg.): *Korruption. Bundeslagebild 2017.* Wiesbaden.

Bundeskriminalamt (2018, Hrsg.): *Polizeiliche Kriminalstatistik. Bundesrepublik Deutschland. Jahrbuch 2017. Band 1. Fälle, Aufklärung, Schaden.* 65. Ausgabe, Wiesbaden.

Geschonneck, Alexander; Cai, Zhen; Scheben, Oliver (2016) in KPMG (Hrsg.): *Tatort Deutschland. Wirtschaftskriminalität in Deutschland 2016. Studie.*

Kob, Timo (2017, Red.) in Bundesamt für Verfassungsschutz; Bundesamt für Sicherheit in der Informationstechnik (BSI); ASW Bundesverband (Hrsg.): *Wirtschaftsgrundschutz. Baustein ÜA5 Umgang mit Wirtschaftskriminalität*, 1. Auflage, Berlin.

Musshoff, Erwin (2018, Red.) in Landeskriminalamt Nordrhein-Westfalen: *Wirtschaftskriminalität. Lagebild für NRW 2017.* Düsseldorf.

Musshoff, Erwin; Winkmann, Guido (2015, Red.) in Landeskriminalamt Nordrhein-Westfalen (Hrsg.): *Wirtschaftskriminalität. Lagebild für NRW 2014.* Düsseldorf.

Musshoff, Erwin; Winkmann, Guido (2016, Red.) in Landeskriminalamt Nordrhein-Westfalen (Hrsg.): *Wirtschaftskriminalität. Lagebild für NRW 2015.* Düsseldorf.

Rossow, Marcus (2018) in Bundeskriminalamt (Hrsg.): *Wirtschaftskriminalität. Bundeslagebild 2017.* Wiesbaden.

Websites

Breitinger, Matthias (2018). Zeit Online: *Der Abgasskandal.* Zeit.de, URL: https://www.zeit.de/wirtschaft/diesel-skandal-volkswagen-abgase. (Zugriff am 07.12.2018)

Kutsche, Katharina; Wilke, Felicitas (2018). Süddeutsche Zeitung: *Wenn der Kollege den Locher klaut.* Sueddeutsche.de, URL: https://www.sueddeutsche.de/karriere/diebstahl-wenn-der-kollege-den-locher-klaut-1.3830801. (Zugriff am 07.12.2018)

Ohne Verfasser. Bundeskriminalamt: *Wirtschaftskriminalität.* Bka.de, URL: https://www.bka.de/DE/UnsereAufgaben/Deliktsbereiche/Wirtschaftskriminalitaet/wirtschaftskriminalitaet_node.html. (Zugriff am 07.12.2018)

Ohne Verfasser (2018). Deutsches Ärzteblatt: *Bayern sagt Betrug im Gesundheitswesen den Kampf.* Aerzteblatt.de, URL: https://www.aerzteblatt.de/nachrichten/92104/Bayern-sagt-Betrug-im-Gesundheitswesen-den-Kampf-an. (Zugriff am 07.12.2018)

Ohne Verfasser (2018). Frankfurter Allgemeine: *Bundesamt für Flüchtlinge. Verdacht auf Korruption im Bamf.* Faz.net, URL: https://www.faz.net/aktuell/politik/inland/fluechtlinge-verdacht-auf-korruption-im-bamf-15551576.html. (Zugriff am 07.12.2018)

Ohne Verfasser. Landeskriminalamt Niedersachsen: *Definition Wirtschaftskriminalität.* Lka.Polizei-nds.de, URL: https://www.lka.polizei-nds.de/kriminalitaet/deliktsbereiche/wirtschaftskriminalitaet/definition-wirtschaftskriminalitaet-844.html. (Zugriff am 07.12.2018)

Ohne Verfasser (2015). MDR Sachsen: *Überblick. Das Infinus-Firmengeflecht.* Mdr.de, URL: https://www.mdr.de/sachsen/dresden/infinus-firmengeflecht100.html. (Zugriff am 07.12.2018)

Ohne Verfasser (2018). MDR Sachsen: *Landgericht Dresden. Ex-Infinus-Manager zu Freiheitsstrafen verurteilt.* Mdr.de, URL: https://www.mdr.de/sachsen/dresden/infinus-urteil-102.html. (Zugriff am 07.12.2018)

Ohne Verfasser (2015). MDR Sachsen: *Prozess-Auftakt in Dresden. Infinus-Manager wegen Bandenbetrugs vor Gericht.* Mdr.de, URL: https://www.mdr.de/sachsen/dresden/infinus-strafprozess100.html. (Zugriff am 07.12.2018)

Literaturverzeichnis

Ohne Verfasser. Polizeiliche Kriminalprävention der Länder und des Bundes: *Anlagebetrug.* Polizei-beratung.de, URL: https://www.polizei-beratung.de/themen-und-tipps/betrug/kredit-und-anlagebetrug/anlagebetrug/. (Zugriff am 07.12.2018)

Ohne Verfasser (2010). PwC Deutschland: *Die typischen Täterprofile von Wirtschaftskriminellen.* Pwc.de, URL: https://www.pwc.de/de/risiko-management/die-typischen-taeterprofile-von-wirtschaftskriminellen.html. (Zugriff am 07.12.2018)

Ohne Verfasser (2015). Rheinische Post Online: *Wirtschaftskriminalität. Mitarbeiter – Diebstähle kosten Firmen Milliarden.* Rp-online.de, URL: https://rp-online.de/wirtschaft/mitarbeiter-diebstaehle-kosten-firmen-milliarden_aid-19892595. (Zugriff am 07.12.2018)

Richter, Nicolas; Strozyk, Jan (2018). Süddeutsche Zeitung: *Verdacht auf weitreichenden Skandal im Bamf.* Sueddeutsche.de, URL: https://www.sueddeutsche.de/politik/eil-verdacht-auf-weitreichenden-korruptionsskandal-im-bamf-1.3952546. (Zugriff am 07.12.2018)